LE

PALÉOLITHIQUE INFÉRIEUR ET MOYEN

DE LA VENDÉE

Chelléen, Acheuléen & Moustérien

[PREMIER MÉMOIRE]

PAR LE Dr

Marcel BAUDOUIN

Secrétaire Général de la *Société Préhistorique Française*
et des *Congrès préhistoriques de France*,
Rédacteur en chef de l'*Homme préhistorique*.

Huitième Congrès préhistorique de France,
Session d'Angoulême, 1912 (pages 227-281; 322-341).

PARIS
1, RUE DES ARÈNES, 1

1913

OUVRAGES DU Dr MARCEL BAUDOUIN

ARCHÉOLOGIE PRÉHISTORIQUE.

La Sépulture Néolithique de Belleville à Vendrest (Seine-et-Marne). [*Fouille et Restauration. Etude Scientifique*]. — Paris, S.P.F., 1911, in-8°, 267 p. et 40 Fig., avec 16 pl. hors texte. — Prix : 10 fr.

La Signification des Menhirs. — Paris, Soc. Préh. France, 16 p., 1 fig. — Prix : 1 fr. 50.

Véritable signification des Trouvailles faites au pied des Menhirs (*Rite d'Erection*). — Paris, in-8°, 1910, 18 p. — Prix : 1 fr.

Découverte scientifique d'un Mégalithe funéraire inconnu par les lignes de direction de Menhirs isolés. — Paris, Soc. Préh. France, 1907, in-8°, 9 fig., 15 p. — Prix : 2 fr.

Les Eclats de Silex des Mégalithes funéraires : Rite funéraire néolithique. — Paris, H. P., 1911, in-8°, 11 p. — Prix : 1 fr.

La Photographie stéréoscopique des Mégalithes. — Paris, Soc. d'Anthrop., 1901, in-8°, 15 p., 4 fig. — Prix : 2 fr.

Découverte de Gravures de Sabots d'Equidés au Rocher du Pas du Roi, à Saint-Just (Charente-Inférieure). [En collaboration avec A. COUSSET]. — Paris, C. P. F., 1911, in-8°, 47 p., 17 fig., dont 2 pl. hors texte. — Prix : 4 fr.

Les Rochers gravés de Saint-Aubin-de-Baubigné (Deux-Sèvres). — Paris, 1912, S.A.P., in-8°, 33 p., 16 fig. — Prix : 3 fr.

MÉGALITHES DE BRETAGNE.

Les Menhirs de Crampoisic, en Plussulien et Saint-Mayeux (Côtes-du-Nord). — Paris, C.P.F., 1907, in-8°, 7 fig., 18 p. — Prix : 2 fr.

Les Menhirs de Roch-ar-Lin à Saint-Mayeux (Côtes-du-Nord) [Etude de détails]. — Paris, C.P.F., 1909, Brochure, in-8°, 34 p., 16 fig. — Prix : 3 fr.

Fouille et Restauration de l'Allée couverte de Querellio, à Saint-Mayeux (Côtes-du-Nord). — Saint-Brieuc, 1908, F. Guyon, in-8°, 3 fig. — Prix : 3 fr.

Recherche et découverte scientifique, fouilles et restauration de l'Allée couverte de Crampoisic, en Saint-Mayeux (Côtes-du-Nord). — Paris, in-8°, 1910, C. P. F., 28 p., 16 fig. 3 pl. h. texte. — Prix : 3 fr.

La Chaire à escalier de Roch-ar-Lin, à Saint-Mayeux (C.-du-N.). — Paris, S. A. P., 1908, in-8°, 33 p., 9 fig. — Prix : 2 fr. 50.

PRÉHISTOIRE DE VENDÉE.

Données stratigraphiques fournies par les Dunes sur les côtes de Vendée. Leur importance en Préhistoire, etc. — Nantes, 1912, 35 p., 8 fig. — Prix : 2 fr.

Le Paléolithique inférieur et moyen de la Vendée [1er *Mémoire*]. — Paris, 1913, in-8°, 80 p., nomb. fig. — Prix : 5 fr.

Contribution à l'étude du Préhistorique dans les Marais modernes : Le Préhistorique à l'Ilot du Loisson, de Saint-Hilaire-de-Riez, dans le Marais septentrional de la Vendée. — Paris, C.P.F., 1906, in-8°, 12 p., 3 fig. — Prix : 1 fr. 50.

Le Préhistorique à Apremont (Vendée). — Paris, Broch., 1905, in-8°, fig. — Prix : 4 fr.

Les Silex taillés du Grand Pressigny en Vendée. — Paris, C. P. F., 1911, in-8°, 36 p., 27 figures, et 1 carte hors texte. — Prix : 3 fr.

Lames en schiste à trous et à encoches. Galets de mer lustrés et patinés des Dolmens de Vendée. — Paris, S.P.F., 1907, in-8°, 8 p., 3 fig. — Prix : 0 fr. 75.

De l'existence de l'Ambre en France et dans l'Ouest à l'époque Néolithique. — Fontenay-le-Comte, 1911, in-8°, 11 p. — Prix : 1 fr.

Le Polissoir, ou Pierre à rainures, de la Brelaudière, à l'Aiguillon-sur-Vie (Vendée). — Paris, S.A.P., in-8°, 1902, fig. — Prix : 3 fr.

Le Polisssoir transporté de la Vésinière à Cheffois (V.). — S. P. F., Paris, 1912, in-8°, 11 p. 5 fig. — Prix : 1 fr. 50.

Les Mégalithes submergés des côtes de Vendée. — Paris, Schleicher, in-8°, 1903, 2 fig., 23 p. — Prix : 2 fr.

Le Mégalithe détruit de Croix-de-Vie (Vendée). — Paris, H.P., 1903, in-8°, 1 fig. — Prix : 2 fr.

Découverte et Restauration du Menhir de la Tonnelle, à Saint-Hilaire de Riez (Vendée). [Nouvelle preuve de la réunion de l'Ile-d'Yeu au continent à l'époque Néolithique]. — Paris, A.F.A.S., 1908, in-8°, 21 p., 5 fig. — Prix : 2 fr. 50.

Découverte d'un Menhir tombé sous les Dunes et d'une Station gallo-romaine, aux Chaumes de Saint-Hilaire-de-Riez (Vendée). — Broch., Paris, S.A.P., 1905, in-8°, 5 fig. — Prix : 3 fr.

Découverte d'un Polissoir à stries de charrue, enfoui sous les sables de l'Ile de Riez (Vendée). — Paris, 1912, in-8°, 15 p., 5 fig. — Prix : 2 fr.

Les Menhirs de grès de la Rive orientale du Marais de Mont (Vendée). — Paris, C.P.F., 1907, in-8°, nomb. fig. — Prix : 4 fr.

L'Allée couverte de Pierre Folle, à Commequiers (Vendée). — Paris, A.F.A.S., 1903, in-8°, 87 p., 31 fig. — Prix : 4 fr.

LA VENDÉE PRÉHISTORIQUE

Le Paléolithique inférieur et moyen de la Vendée.

PAR LE Dr

Marcel BAUDOUIN (de Paris).

I. — Chelléen et Acheuléen.

I. — INTRODUCTION.

Je voudrais, dans cette première étude, résumer ce que l'on sait désormais du PALÉOLITHIQUE INFÉRIEUR DE LA VENDÉE.

Certes, nous ne possédons pas — du moins d'après ce que je sais à l'heure présente, — dans ce département de l'Ouest de la France, de véritables et de riches gisements de ces époques lointaines! — Cependant, les pièces, isolées, déjà recueillies et connues, augmentent peu à peu de nombre. Aussi importe-t-il d'en dresser, dès maintenant, un INVENTAIRE, aussi précis que possible : parce que nombre d'entre elles peuvent disparaître, du jour au lendemain, en particulier au décès de leur propriétaire ; parce qu'un Musée, local et spécial, n'existe pas encore pour les rassembler ; et parce qu'on ne peut aujourd'hui rien tenter pour assurer la conservation de ces précieux silex, dont la recherche a été là-bas, au demeurant, beaucoup trop négligée, sauf en ces dernières années.

Pourtant une région au moins de la contrée semble assez favorisée au point de vue du *Paléolithique inférieur* ; et je crois qu'avant peu on pourra prouver qu'une vraie *Station chelléenne* a existé en ce point. Or — bizarre coïncidence ! — celle-ci se trouve précisément près des sources de la rivière, qui a donné son nom à ce Département, c'est-à-dire *La Vendée* ! — On aurait choisi à dessein la commune qu'on n'aurait pas pu mieux trouver.....

HISTORIQUE. — Les notes déjà publiées sur la question sont très peu nombreuses ; et, en dehors de ce qu'ont écrit A. et G. de Mortillet (1), il n'y a guère à tenir compte des autres indications bibliographiques, car les *déterminations de silex*, faites par les auteurs des travaux que j'aurai à citer, sont, vraiment, *beaucoup trop douteuses*.....

(1) A. et G. DE MORTILLET. — *Le Préhistorique*. — Paris, 2e édit., 1885, [Voir p. 166]; 3e édition, 1900 [Voir p. 574].

Voici, au demeurant, le texte même de MM. de Mortillet, qui se trouve dans la 2e édition (1885) du *Préhistorique* :

« En Vendée, je ne connais encore qu'une indication. Elle a été donnée par M. B. Fillon. Il a recueilli six instruments *chelléens* dans son Parc de La Court, à Saint-Cyr-en-Talmondais : un est en *quartz de filon*, trois en *jaspe*, et seulement *deux* en silex ».

Cette précieuse indication est malheureusement bien résumée pour le Chelléen !

En réalité, le présent Mémoire n'aura donc pour base que ce qu'ont dit G. et A. de Mortillet (1), d'après M. B. Fillon (2) ; que ce que j'ai déjà publié dans trois notes antérieures (3) ; et surtout que l'exposé du résultat de mon Enquête spéciale et des visites à diverses COLLECTIONS LOCALES, possédant des pièces paléolithiques.

Toutefois, je dois une mention particulière à trois notes ou mémoires, auxquels j'attribue une réelle importance.

Je parlerai d'abord, en la citant presque toute entière, de la note publiée il y a déjà dix ans par notre excellent confrère, M. C. Chartron (de Luçon).

En 1892, dans une notice signée et spéciale, insérée dans une publication de luxe (4), M. C. Chartron, le célèbre collectionneur et géologue de la Vendée, a écrit en effet :

« [Les Instruments *chelléens*] sont peu nombreux, surtout dans les environs de Luçon. Deux, bien caractérisés, ont été rencontrés, le premier dans le dépôt de sable de Beaulieu, commune de Mareuil-sur-le-Lay, à peu de profondeur. Il est en grès quartzeux, d'une forme et d'un poids relativement considérables : ce qui indique qu'il devait être manié par une main robuste. — Le second, en silex, probablement mis à jour par le soc de la charrue, fut trouvé par mon père, il y a quelques années, au ténement dit *La Plante aux Ajoncs*, à la limite de la commune de Corps et de Luçon. »

Je dois encore mentionner deux travaux : l'un de M. Charbon-

(1) En 1894, G. de Mortillet avait publié une statistique des Départements français, dans lesquels on avait signalé l'existence des coups-de-poing. La Vendée n'y figurait pas alors. — Il ne s'agissait probablement là que d'un oubli, qui a été réparé, d'ailleurs, en 1900, dans l'ouvrage sur le *Préhistorique*.

(2) B. FILLON. — *Notice des points habités... de Saint-Cyr-en-Talmondais*. — La Court, de Saint-Cyr-en-Talmondais, B. Fillon, 1877, in-4° [Voir p. 9 et 39].

(3) Marcel BAUDOUIN. — [Le *Paléolithique inférieur en Vendée*]. — *IIe Congr. préh. France*, Vannes, 1906. Paris, t. I, 1907 [Voir p. 201]. — *Bull. Soc. Préh. France*, Paris, V, 1908 [Voir p. 340-341 et 427]. — *VIe Congrès préh. France*, Beauvais, 1909. Paris, 1910, t. VI [Voir p. 81]. — *Bull. Soc. Préh. France*, VI, n° 7, p. 339. — *Instruments paléolithiques vendéens et roches éruptives*. *Ier Congrès préh. France*, Périgueux, 1905. Paris, 1906, in-8° [Voir p. 221].

(4) R. PÈRE INGOLD.— *Luçon et Saint-Michel-en-l'Herm*. — Art. des *Pays. et Mon. du Poitou*; par J. Robuchon. — Paris, 1892, in-4°, t. XI, fasc. n° 1 [Voir p. 5].

neau-Lassay (1); et l'autre, beaucoup plus important, de notre excellent collègue et ami, M. E. Bocquier (2), d'autant plus que tous deux ont trait au *Chelléen*, période la plus ancienne du Paléolithique que j'étudie aujourd'hui.

II. — Distribution Géographique.

Pour l'énumération des trouvailles, je les classerai, bien entendu, dans les deux grandes divisions, aujourd'hui classiques, du *Paléolithique inférieur*.

On sait qu'on range désormais dans le Quaternaire ancien le *Pliocène supérieur* des auteurs et le *Post-Pliocène* sans stratification (*Cromérien*, *Mindélien* ou *Sicilien*, *Saint-Prestien*, *Villafranchien* ou *Calabrien* ou *Günzien*), d'après M. le Pr Haug, et que, dans ces conditions, le *Rissien* (3), le *Chelléen* [*Chelléen* et *Acheuléen*] et le *Würmien* [*Moustérien*, *Aurignacien*, etc.], constituent le Quaternaire moyen (*Pleistocène*, ou *Quaternaire sans stratification* (4) *des auteurs*).

Si l'on adopte cette manière de voir (5), la trouvaille de Mareuil-sur-le-Lay, dont nous parlerons plus loin, s'expliquerait très bien avec l'hypothèse de M. Chartron; mais alors ce coup-de-poing serait *Préchelléen* : ce qui n'aurait rien d'impossible, au demeurant, à mon avis!

Mais, tout d'abord, il est, je crois, utile de dire ici que, jusqu'à présent du moins, on n'a jamais trouvé, dans cette partie de la France, le moindre vestige d'une œuvre *humaine*, antérieure à ce Quaternaire ancien, tel qu'on l'entend actuellement, c'est-à-dire des outils utilisés par l'*Homme tertiaire* (6). Certains géologues de

(1) L. Charbonneau-Lassay. — *L'abri sous roche et les quartz taillés de Saint-Laurent-sur-Sèvre* (Vendée). *Rev. de l'Ecole d'Anthropologie de Paris*, 1905, n° 10, octobre, p. 344-346, 4 fig. — *Simple note sur l'abri sous roche de Saint-Gabriel à Saint-Laurent-sur-Sèvre* (*Vendée*). *Revue du Bas-Poitou*, Font.-le-Comte, 1905, p. 285-288, 1 pl. hors texte [Citation de *deux Outils chelléens*].

(2) Edmond Bocquier. — *Sur la découverte d'une pièce chelléenne en Vendée, et ses relations avec la géologie et la topographie.* — *Ann. de la Soc. d'Emul. de la Vendée*, 1910. — Tiré à part, Roche-sur-Yon, Yvonnet, 1910, in-8°, 10 p. [sans figures].

(3) On tend actuellement à laisser le *Rissien* au Quateraire ancien et à ne faire commencer le Quaternaire ancien qu'au *Post-glaciaire Würmien*.

(4) Dénomination, d'ailleurs erronnée, des Géologues [Voir les travaux de M. Commont, etc.].

(5) Haug. — *Traité de Géologie.* — Paris, in-8°, 1910, t. II. [Voir p. 1776].

(6) Si l'on admet que l'Homme est apparu en France *avant l'époque Pliocène*, c'est-à-dire au vrai *Tertiaire*, il ne faudra pas s'étonner de ne pas retrouver de vestiges de cette période lointaine en Bretagne-Vendée.

A ce moment, en effet, cette portion du sol français était une petite ile, très bien isolée!

Cet état a duré jusqu'au Pliocène, ou tout au moins jusqu'au *Pontien*, dernier terme du *Miocène* [de Lapparent, t. III, p. 761].

De même, une grande partie de la Vendée maritime a été recouverte par du nos contrées font rentrer dans cet étage géologique (1) les dépôts limoneux et argilo-sableux, atteignant parfois 7 mètres d'épaisseur, de nos plateaux à la cote de 60 à 75 mètres; et on a déjà signalé, au sommet de ces formations, la présence de silex taillés (2) et de restes d'une faune caractéristique (3). Mais ces dépôts, jadis *pliocènes*, comme on l'a dit, seraient *quaternaires* désormais.

J'ajoute que, par contre, les limons du *Quaternaire ancien*, qui ne s'élèvent sur le flanc des coteaux qu'à la cote de 18ᵐ et qu'on trouve dans les vallées du Lay, de la Smagne, de l'Yon, du Graon, de la Vendée, de l'Autise, etc., ont fourni déjà quelques restes, au moins de la faune (4), qui font supposer la présence de l'Homme sur le bord de ces fleuves aux époques Chelléenne et Acheuléenne. Mais presque toutes les trouvailles de silex taillés paléolithiques de la Vendée correspondent en réalité à la *surface des plateaux :* ce qui rend, au demeurant, leur étude assez peu intéressante au point de vue de l'Histoire de l'Evolution humaine en Vendée et de la Stratigraphie vraie.

I. — Chelléen.

Découvertes. — Voici la liste des stations que je connais jusqu'à présent :

1° Outils. — 1° Saint-Cyr-en-Talmondais [*Six* Coups-de-poing] [B. Fillon. A. et G. de Mortillet].

2° Saint-Vincent-Sterlange [*x* Coups-de-poing (5). [B. Fillon. A. et G. de Mortillet].

3° Saint-Denis-du-Payré [*x* Pièces, indéterminées] [L. Brochet] (6).

4° Saint-Laurent-sur-Sèvre [*Deux* Coups-de-poing] [Charbonneau Lassay] (7).

5° Payré-sur-Vendée [*Cinq* Coups-de-poing] [E. Bocquier] (8).

Miocène [*Rédonien*]. Il ne pourrait donc guère y avoir en place de vestiges d'ordre humain antérieurs : ils auraient été balayés !

(1) Edmond Bocquier. — *Monographie de Chaillé-les-Ormeaux* (*V.*). — *Ann. de la Soc. d'Em. d. l. Vendée,* 1901 [Voir p. 151].

(2) Par exemple le Coup-de-poing chelléen de Mareuil-sur-le-Lay.

(3) On ne connaît qu'une Dent d'*Elephas meridionalis*, trouvée dans un *limon*, dit *Pliocène* (?), à 70 mètres d'altitude, près Chantonnay. — Mais c'était dans la Vallée du Lay. — Et cette pièce n'était peut-être pas en *place*.

(4) Entr'autres, une dent de *Rhinoceros Mercki* (Alluvions de l'Autise) et deux dents d'*Elephas primigenius* (Vallée de l'Autise), citées plus loin à l'*Acheuléen*.

(5) En tout : *Onze* Coups-de-poing cités [dont 3 en *Jaspe* et 1 en *Quartz-de-filon*], soit *Chelléens*, soit *Acheuléens*. — Mais je ne sais pas ce que sont devenus ces silex [G. et A. de Mortillet. *Loc. cit.*].

(6) L. Brochet. — *La Vendée à travers les Ages*. — Paris, t. I, 1902 [Voir p. 93].

(7) *Loco citato*.

(8) Ces *cinq* premiers gisements étaient connus; les *six* autres sont *inédits*.

6° Poiré-sur-Velluire [1 Coup-de-poing] [E. Bocquier].
7° Mareuil-sur-le-Lay [1 Coup-de-poing] [Coll. Chartron].
8° Luçon [1 Coup-de-poing et 1 Disque] [Coll. Chartron].
9° Tiffauges [1 Coup-de-poing] [Coll. Dr Mignen].
10° La Bruffière [1 Coup-de-poing] [Coll. Rousseau].

11° B. Fillon a figuré (1) un *Outil en silex* (2) que quelques auteurs ont voulu prendre pour un *coup-de-poing* (3) *paléolithique*. Mais il faut, en l'absence de ladite pièce, qui doit être aujourd'hui perdue, s'en tenir à ce qu'a déclaré cet auteur lui-même, qui a écrit : « [Ce silex] semble surtout, par sa forme grossière, appartenir à la même catégorie que ceux recueillis... à Belesbat, sur la Côte de Jart... » — Or nous savons aujourd'hui qu'à Belesbat il n'y a qu'une Station *néolithique* ! — Il ne faut donc pas être plus royaliste que le roi.

12° L. Brochet (4) a signalé des pièces *chelléennes* dans la Collection F. Mandin à Mareuil-sur-le-Lay. Elles proviendraient du Camp de l'*Ouche du Fort*. Mais une erreur de détermination est très probable, car je n'ai pas vu de *Chelléen* dans la belle collection de M. Mandin. D'ailleurs, la description se rapporte plutôt à de l'*Acheuléen* (5).

13° Mon ami E. Bocquier (6) a placé, dans le Chelléen, des « *Coins de pierre taillée* », signalés par F. Baudry et L. Ballereau à Saint-Julien-des-Landes, Saint-Hilaire-des-Loges, Saint-Florent-des-Bois, Chavigny ». Mais je crois qu'il ne s'agit là que de Pièces *Néolithiques*. — La Collection L. Ballereau, actuellement au Musée Dobrée, à Nantes, ne possède, en effet, aucune pièce paléolithique...

2° Faune. — Comme Faune, je puis signaler :

1° Elephas meridionalis [Une *Dent*] (7). — Trouvaille faite près Chantonnay : d'après les uns, dans les *Limons pliocènes* (?) de la Vallée du *Lay*, à 70 mètres d'altitude; au milieu des *Graviers*

(1) B. Fillon et O. de Rochebrune. — *Poitou et Vendée*. — Niort, Clouzot, 1860, t. I [Voir p. 5 et *Fig*. 1]. — La *Fig*. 1 n'apprend rien ; elle indique plutôt un fragment de *Hache polie*.

(2) Il a été trouvé dans le Lit de la *Vendée*, à *Fontenay-le-Comte*.

(3) L. Brochet. — *La Vendée à travers les Ages*. — Fontenay-le-Comte, 1902, t. I, p. 29, 1 fig. [Voir légende de la *Fig*. 1, p. 29].

(4) L. Brochet. — *L'Archéologie préhistorique à Mareuil-sur-le-Lay (Vendée)*. — *Revue du Bas-Poitou*, 1889, II, p. 338-346. — Tiré à part, 1890, in-8° [Voir p. 340].

(5) Voir plus loin.

(6) Edmond Bocquier. — *Loc. cit.* [1901, p. 104 et 1910, p. 1].

(7) La détermination est-elle bien certaine ? Ne s'agirait-il pas de la forme d'*Elephas antiquus*, qui se rapproche d'*E. meridionalis*, signalée en particulier dans les Charentes ? — Le doute est permis, malgré l'affirmation des Géologues [Fabre, Boule, etc.].

et *Cailloux* roulés, d'après les autres (1). — Cette pièce aurait disparu depuis cinquante ans (1863 au moins). Personne, en Vendée, ne l'a jamais vue, d'après M. Chartron, qui sait ce qu'il dit.

2° RHINOCEROS MERCKI [Une *Dent*]. — Trouvaille (2) faite dans les Alluvions *anciennes* de l'*Autise*, affluent de la Sèvre-Niortaise. M. Chartron n'a jamais pu se la procurer. Elle est aujourd'hui disparue.

Provisoirement et jusqu'à nouvel ordre, je place cette pièce, indiscutable d'ailleurs, au *Chelléen*, quoiqu'aucun silex n'ait été trouvé avec elle.

On sait d'ailleurs que ces deux espèces sont classiques pour cette époque, puisqu'elles sont de la *Faune chaude*. Mais il est certain qu'*E. meridionalis* peut être *Préchelléen*, ainsi que *R. Mercki*. Ch. Passerat pense que *E. meridionalis* a été trouvé dans la *terrasse* la plus supérieure de la contrée ; mais je suis porté à penser que ses affirmations, d'ordre local, n'ont pas toujours une base..... très solide.

3° RESTES HUMAINS. — L. Brochet, en 1909 (3), a mentionné la découverte d'un *Squelette humain fossile*, dans le *Diluvium*, à l'Orbrie.

C'est sans doute dans les *Alluvions anciennes* (a^1) de la rive Sud ou gauche de la Vendée que cette trouvaille a été faite [*Diluvium de Gachet*], il y a environ 25 ans (4).

Il est malheureusement impossible à l'heure présente d'avoir le moindre renseignement sur ce squelette et la façon dont il a été mis au jour, comme le montre la lettre que m'a écrite récemment M. L. Brochet (1912).

« Mon cher confrère, Pour ce qui est du Squelette fossile, trouvé, il y a environ 25 ans, par l'entrepreneur Jourdan, dans le Diluvium de *Gâchet*, commune de l'Orbrie, je ne me rappelle plus ce qu'il est devenu ».

Je n'insiste pas.

II. — ACHEULÉEN.

DÉCOUVERTES. — Je range dans cette période plusieurs gisements qui ont été trouvés jadis par B. Fillon et qui ont été désignés sous le nom de *Chelléo-Moustérien* par G. et A. de Mortillet. N'ayant

(1) FARGE. — *Elephas meridionalis*, nouveau gisement. *Ann. de la Soc. Lin. de M.-et.-L.*, 1863, t. VI, p. 85-87, 1 pl. — Ch. PASSERAT. *Les Plaines du Poitou. Rev. de Géogr.*, Paris, 1909, 2e sér., III, 155-380, 62 fig. [Voir p. 196]. Tiré à part, 1909. — E. BOCQUIER. *Loc. cit.*, 1910 [Voir p. 3, note 1].

(2) E. BOCQUIER. — *Loc. cit.*, 1910 [Voir p. 10].

(3) L. BROCHET. — *Zig-zags d'un Vendéen dans la région de Fontenay, La Châtaigneraie et Pouzauges.* — Fontenay-le-Comte, Gouraud, 1909, in-8° [Voir p. 23].

(4) *Gachet* est un moulin à eau, établi sur la rive gauche de la Vendée. — La Carte géologique y indique des *Alluvions anciennes* (a^1), à côté d'Alluvions modernes (a^2).

pas pu retrouver des pièces en provenant, je ne puis, bien entendu, défendre que, provisoirement, cette manière de voir, basée simplement sur ce que l'on place actuellement dans l'Acheuléen ce qu'on appelait jadis le *Chelléo-Moustérien*.

1° OUTILS. — 1° Les premiers gisements ont été découverts à *Saint-Cyr-en-Talmondais*. — Ce sont les suivants :

1° *Saint-Cyr-en-Talmondais*. — *a*) Au *Bourg* [ancien *Aro* ou *Aron*], silex abondants, surtout dans la partie *orientale* du Plateau d'*Aron* (1), et *cachés* sous une épaisse couche de Diluvium rouge (2).

b) Le *Terrier de Beauvoir* [Section C du Cadastre].

c) *Le Parc*, Château de *La Court* [Section B, n°s 317 à 325]. — Il y avait là jadis une futaie de chênes, qui n'a été défrichée qu'au XVIIe siècle (3).

2° *Mareuil-sur-le-Lay*. — L. Brochet (4) a signalé des pièces chelléennes à *Mareuil-sur-le-Lay*, qui, si elles existent, sont plutôt de l'époque *acheuléenne* d'après sa description. Il a écrit en effet :

a) *Ouche du Fort*. — « Les types les plus remarquables des premiers temps quaternaires, caractérisés par la hache en silex, dite de *Saint-Acheul* (5) ou *Amande de Chelles* (6), se rencontrent fréquemment dans l'*Ouche du Fort* (7).

« Ce sont des silex de volume variable, plus longs que larges, *épais à leur partie moyenne*, *amincis sur leurs bords*, présentant une extrémité pointue ou plutôt ogivale. Un de ces types présente une infinité de craquelures plus ou moins prononcées, et sa forme est telle qu'il pouvait servir de couteau, de tranchet, et surtout de hachette dite *coup-de-poing*... »

C'est M. Mandin qui possède presque toutes les pièces préhistoriques sorties de l'*Ouche du Fort*. Il semblait bien me souvenir que j'avais vu, en effet, chez lui à Mareuil, en 1908, au moins *trois coups-de-poing acheuléens*. Je lui ai écrit à ce sujet. Or j'ai appris que ces trois pièces ne provenaient pas du tout de l'*Ouche du Fort*,

(1) A. JOANNE (*Géogr. de la Vendée*, 1882, p. 51) signale au Plateau d'Aron, à Saint-Cyr-en-Talmondais, des *silex taillés*, sans spécifier desquels il s'agit.

(2) B. FILLON et G. et A. DE MORTILLET. — *Loc. cit.*

(3) Je ne sais pas ce que toutes ces pièces sont devenues.

(4) L. BROCHET. — *Loc. cit.*, 1889 [Voir p. 340].

(5) L. Brochet emploie ici le terme « *Hache de Saint-Acheul.* » — Donc il a bien voulu parler de *Pièces Acheuléennes*, et non Chelléennes !

(6) Ces « *Amandes de Chelles* » — on y trouve, en effet, des *Amandes* — peuvent très bien être des Coups-de-poings Acheuléens.

(7) *Camp Néolithique et du Bronze*, au confluent du Lay et d'un affluent. — Le mot « *Fort* » indique bien une ancienne fortification. — La situation élevée de cet éperon expliquerait les trouvailles, sur ses flancs, de pièces paéolithiques [*Haute terrasse*].

mais bien d'ailleurs comme l'a au demeurant publié déjà E. Bocquier (1), pour deux d'entre elles.

b) Elles sont originaires : l'une de *La Brédurière*, en Mareuil-sur-le-Lay, l'autre de Mareuil même; et la troisième est de *Rosnay*, commune voisine (Lieu dit : Le Rétail).

3° *Rosnay*. — M. E. Bocquier a signalé, en effet, deux de ces pièces : « M. Ferd. Mandin, le collectionneur de Mareuil-sur-le-Lay, possède quelques *pointes de lances acheuléennes*, provenant des environs. L'une a été trouvée à *La Brédurière* ; l'autre au *Retail*, de Rosnay. Toutes deux sont en *silex* et ont été retouchées, par petits coups, sur leur bord. » — Ce sont évidemment là deux des pièces que j'ai vues chez M. Mandin. — Ce sont des *Coups-de-poing*, assez plats, très finement taillés et presque cordiformes, de la *fin de l'Acheuléen*.

M. E. Bocquier (2), à la même occasion, a indiqué que des pièces *acheuléennes* auraient été aussi trouvés à Saint-Florent-des-Bois, La Proustière, à Chaillé-les-Ormeaux, et à Thorigny. Il appelle ces pièces des « *Coins taillés* », d'après F. Baudry et L. Ballereau. — C'est possible ; mais comme je l'ai dit plus haut, je crois qu'il ne s'agit là que de pièces néolithiques. En tout cas, il n'a été impossible de retrouver de tels coups-de-poing dans les Collections locales.

4° *Simon-la-Vineuse*. — La Collection B. Rousseau, instituteur à Simon-la-Vineuse, renferme une pièce acheuléenne originaire de cette commune et inédite encore; elle est très belle [*Coup-de-poing* aplati, presque triangulaire].

5° *Tiffauges*. — La même collection renferme de Tiffauges : 1° Une *amande* acheuléenne, intéressante; 2° Une *lame*, utilisée, que je rattache aussi à cette époque.

6° *Château-d'Olonne*. — La Collection H. Gelin (de Niort) renferme une splendide *pointe acheuléenne* ou *coup-de-poing*, qui a une très grande importance pour la Vendée, parce qu'elle a été trouvée, commune du Château d'Olonne, sur le *bord même de la mer*, et sur *la plage*, au *Puits d'Enfer* : lieu dit très pittoresque.

Cette pièce a été déjà signalée (3), mais non décrite, comme il convient (4); je le ferai plus loin.

7° *Collections diverses*. — On nous a annoncé, en 1911 et 1912, de divers côtés, des trouvailles de pièces *chelléo-moustériennes* ou

(1) E. Bocquier. — *Monographie de Chaillé-les-Ormeaux* (suite). — *Ann. Soc. d'Emul. de la Vendée*, 1901, La Roche-sur-Yon, 1902 [Voir p. 105].

(2) *Loc. cit.* [Voir p. 104].

(3) *Revue du Bas-Poitou*, Font.-le-Comte, 1908 [Voir p. 492]. — *Vendée Rép.*, Les Sables-d'Olonne, 1908.

(4) Marcel Baudouin. — *Bull. Soc. Préh. Française*, Par. 1908 [Voir p. 427].

acheuléennes; mais nous n'avons pas encore vu ces objets. On en aurait découvert au Caïola, commune de *Saint-Hilaire-de-Talmont* (1), etc.; mais nous ne pouvons faire état de ces pièces jusqu'à nouvel ordre.

2° Faune. — Elephas primigenius [Type *ancien*]. — 1° L'*Autise*. — Je possède, dans ma collection, deux dents d'*Elephas primigenius*, qui proviennent des *Alluvions anciennes* (**a**[1]) de l'*Autise* (Commune d'Oulmes). — Je les place à ce niveau, quoiqu'elles puissent être aussi bien du *Chelléen* que de l'*Acheuléen*. Ce classement n'est d'ailleurs que provisoire...

Ce sont, certainement, les pièces auxquelles L. Brochet a fait allusion jadis [*La Vendée à travers les Ages*, 1902, t. I, p. 25, note 1], en ces termes : « En 1901, à 2 mètres de profondeur environ, sous une couche de cailloux roulés, le sieur Auger, carrier à Nieul-sur-l'Autise, a trouvé deux dents appartenant à l'espèce des plus anciens éléphants connus : *Drinues elephantis* (*sic*). — La petite dent, qui faisait partie de la *mâchoire supérieure*, pesait 890 grammes, et la grosse, de la mâchoire *inférieure* (2), pesait 1 k. 830... »

J'ai photographié ces deux dents et j'en reproduis ici les épreuves, ces pièces étant de première importance pour l'Ouest de la France, aussi bien au point de vue paléontologique et géologique que préhistorique (*Fig.* 1).

a) *Découverte*. — Je tiens ces pièces de M. Eugène Auger, lui-même, carrier, à Nieul-sur-l'Autise (V.), à qui je les ai achetées. — Voici les renseignements que j'ai pu recueillir sur ces ossements, grâce à M. Manceau, instituteur de cette commune.

La trouvaille a été faite, « il y a dix ans environ, en 1901, en extrayant des *cailloux*, à 1m50 de profondeur, à un kilomètre du bourg de Nieul, dans un champ, situé près de la route de Nieul à la gare, mais faisant partie de la commune d'*Oulmes* [section A, n° 2] ».

« Les cailloux étaient mélangés de *sable*; et souvent, parmi eux, on trouvait dans la couche la plus profonde, des assises de « coquilles d'*huîtres* » (3), prétend M. Auger ! En dessous du banc de cailloux, qui ne sont que d'anciens galets, se trouve une *couche d'argile* grise. Souvent, parmi ces cailloux, on trouve de gros ossements, qui s'effritent de suite, dès qu'ils sont mis au

(1) Je ne connais là qu'une *Station néolithique*.

(2) Diagnostic discutable, que je n'admets pas.

(3) En consultant la *Carte Géologique*, on peut voir que la trouvaille correspond au sommet du coteau de la rive gauche ou Est de la rivière l'Autise, en un point où sont indiquées des *Alluvions anciennes* (a[1]); ce point se trouve entre la gare de *Nieul-Oulmes* et les moulins de Nieul-sur-l'Autise.

jour ». — On aurait trouvé des *silex* dans ces sables [au dire des carriers] (1)!

b) *Description.* — 1° *Grosse dent.* — La plus grosse dent (*molaire*) pèse actuellement 1 k. 800 (au lieu de 1830 gr. en 1901), parce qu'une partie s'est détachée. La surface triturante mesure 140×80 mm.; elle présente 15 lamelles très apparentes. C'est une

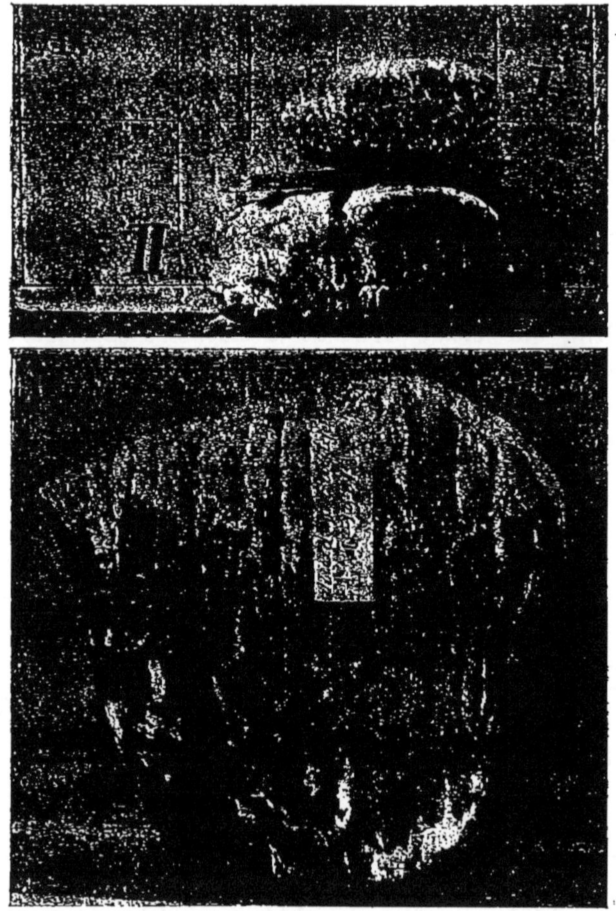

Fig. 1. — Deux Dents d'*Eléphas primigenius*, trouvées dans les Alluvions anciennes de l'Autise [Commune d'Oulmes, V.].
A. — Les deux Dents (I et II), vues de face. — Aspect des *Faces* triturantes.
B. — La *Grande dent* n° II, vue de *profil*. — Epaisseur des lamelles.

avant-dernière molaire supérieure d'adulte, du côté *droit* (Diagnostic de M. le Dr Pontier, le spécialiste bien connu), au début de la fonction : autrement dit la *cinquième dent* (*Fig.* 1; A, II; et B).

(1) M. Auger a *fouillé*, suivant mes indications, dans ce point pour retrouver de ces silex taillés. — Les recherches ont été infructueuses.

2° *Petit Dent.* — La petite dent pèse aujourd'hui 800 gr. seulement (au lieu de 890 gr. en 1901), par suite d'effritement.

La surface triturante mesure : 100×55 mm. Avec MM. le Dr Pontier et Commont, je crois que c'est une *molaire supérieure* de *Jeune;* peut-être même une *dent de lait*, d'après MM. Commont et Pontier (3e molaire de lait ou 1re molaire vraie) (*Fig.* 1; A; I).

c) *Espèce.* — J'ai soumis les photographies des pièces (*Fig.* 1) à M. Commont, si compétent en la matière. Voici ce qu'il m'a écrit à ce sujet :

« La molaire d'adulte (*Fig.* 1; B, n° II) est bien de l'*Elephas primigenius*, mais de la forme accompagnant *Elephas antiquus* dans les alluvions anciennes du Nord de la France et du Sud de l'Angleterre... La *molaire de lait* (*Fig.* 1; A, n° I) est du même type ancien d'*E. primigenius*. Ces deux molaires sont fort intéressantes.

d) *Comparaisons.* — « Leitts Adams a figuré une dent semblable au n° I dans son travail sur les Eléphants (1). Les ilots d'émail sont dus à ce que la dent est peu usée à la partie supérieure. A la partie antérieure, la coupe de la lamelle s'élargit au milieu, sorte de dilatation, qu'on remarque sur tous les *E. primigenius* récoltés dans les alluvions de la 2e Terrasse, à Saint-Acheul. C'est une de ces formes intermédiaires entre *F. Trogontherii* et *E. primigenius*; mais ce n'est pas *E. intermedius* de Jordan. Le Mammouth, contemporain du Renne (c'est-à-dire de l'Epoque moustérienne), dans le Nord a toujours des dents à lamelles plus serrées et à rubans d'émail moins larges ».

En somme, le diagnostic de M. Commont concorde absolument avec le lieu de la trouvaille, qui correspond bien à une *terrasse* de l'Autise et à des *alluvions anciennes*. En classant ces pièces rares dans l'*Acheuléen*, je crois donc les avoir mises en bonne place. M. le Dr Pontier m'a écrit aussi qu'il s'agissait d'*Elephas primigenius*, du type *Franco-italien* (2).

2° *La Vendée.* — Je crois devoir rapprocher des pièces précédentes un simple *Document historique*, sur lequel, malheureusement, je n'ai pas pu me renseigner. Il est tout au moins utile de le consigner ici.

(1) *Commission British Museum*, Ilford. — Fig. 2, n° C, 43.

(2) Je possède, dans ma collection, une Molaire d'Éléphant, qui me paraît se rapporter aussi à l'*E. primigenius*. Elle a été trouvée au village de Saint-Bas, commune du Puy, canton de Montségur (Gironde), dans un terrain formé de graviers et de sable, qui porte le nom de plaine *haute* ou 2e plaine de la vallée du Dropt (la plaine *basse* étant à une altitude de 28 mètres). Un très grand nombre de *silex*, que je n'ai pas vus, accompagnaient cette dent ; mais aucun n'a pu être conservé. La trouvaille a eu lieu au cours des travaux de terrassement, exécutés lors de la construction de la ligne ferrée de La Sauve à Eymet, à *six mètres* de profondeur, dans la couche de graviers.

Dans un ouvrage de M. René Valette (1), j'ai lu, en effet, il y a quelque temps, la phrase suivante, qui m'a fort intrigué :

« C'est dans une carrière voisine de ce village [*Chassenon-le-Jeune*], naguère chef-lieu de la paroisse de Saint-Martin (2), que furent découverts, vers 1834, de gigantesques *Ossements d'animaux antédiluviens.* »

J'ai songé de suite, étant donné la situation *géologique* de Chassenon-le-Jeune (3), qui se trouve non loin de *La Vendée* et actuellement dans la commune de Xanton-Chassenon [assez voisine de celle d'Oulmes et de la rivière l'Autise], citées ci-dessus, à une trouvaille de restes de *Mammouth* [*Elephas primigenius*]. Mais c'est moins que certain !

J'ai fait d'ailleurs une enquête sur ces ossements ; mais, malheureusement, on n'a pu me fournir encore aucun détail sur la découverte, aujourd'hui oubliée de tous les gens du pays; et voici les lettres que j'ai reçues, à ce sujet, de M. C. Chartron et de M. l'Instituteur :

Lettre de M. Chartron (Luçon, 13 décembre 1912) :

Cher Monsieur, je n'ai jamais entendu parler de la découverte citée dans votre lettre.

Mais je me permets de vous dire qu'il faut toujours se tenir en garde contre ces prétendues découvertes ; je vais vous en donner un exemple. Il y a dix ans environ, on est venu me prévenir qu'on avait trouvé des os énormes dans la commune de Bourneau. Dès le lendemain, je pars en campagne ; et, à mon arrivée, on me montre des *silex du Charmouthien*, qui ne sont que des « Lusi naturæ ». C. CHARTRON.

Voici maintenant la réponse de l'Instituteur (16 décembre 1912) :

Monsieur, en réponse à votre lettre du 11 courant, j'ai l'honneur de vous informer qu'il existe à *Chassenon-le-Bourg*, commune de Xanton-Chassenon, une *Carrière*, intéressante au point de vue des nombreux et divers FOSSILES qu'elle renferme. M. Querqui, propriétaire de cette carrière, vient de me faire dire par son régisseur qu'il peut vous montrer d'intéressants spécimens et qu'il est tout disposé à laisser étudier la dite carrière. PUZÉAUT.

En présence de ces deux réponses, qui semblent se corroborer, il n'y a pas lieu, semble-t-il, de poursuivre les recherches. — Ces « ossements (?) » ne paraissent pas devoir nous intéresser.

(1) René VALETTE. — *Pays. et Mon. du Poitou* [Art. *Saint-Hilaire-des-Loges*]. Paris, 1891, in-4° [Voir p. 27].

(2) Sur la carte, c'est *Chassenon-le-Bourg*.

(3) En effet, la Carte géologique du Service des Mines, montre que Chassenon-le-Jeune ou le Bourg se trouve sur la rive gauche au sud de la rivière de *La Vendée*, et qu'on y voit, à l'altitude de 65 à 70 mètres, comme dans la région de Payré-sur-Vendée, les limons argilo-sableux rougeâtres, étiquetés P^{1b} par M. Boisselier, et qui fournissent les *pièces chelléennes* les plus caractéristiques.

III. — Etude des Pièces des Collections actuelles.
[*Descriptions inédites*].

I. — Chelléen.

J'ai pu étudier, pour le Chelléen, 19 *pièces*, dont *neuf* inédites.

a) *Collection Chartron* : 3 pièces [*Vues*] [d'après des Dessins et deux *notes*].

b) *Collection Fallourd* : 1 pièce [*Vue*] [d'après le *Moulage*].

c) *Collection Bourrasseau* : 12 pièces [d'après des *Décalques*].

d) *Collection Rousseau* : 1 pièce (*Vue*).

e) *Collection Charbonneau-Lassay* : 2 pièces [d'après des *Dessins*].

L'une de ces pièces a d'ailleurs été déjà décrite avec grand soin par E. Bocquier (1910); je n'ajouterai à sa description que de courtes réflexions.

I. Station de Mareuil-sur-le-Lay. — Gros Coup-de-poing N° I. — Cette pièce, volumineuse, fait partie de la collection Chartron (de Luçon), où je l'ai vue. Je reproduis ici les dessins des deux faces, faits à mon intention par son possesseur, que je remercie vivement à cette occasion (*Fig.* 2).

a) *Localité.* — Elle a été récoltée, à Mareuil-sur-le-Lay, au village de Beaulieu (1), au *sommet* d'une carrière de sables, qui ont été classés comme *Pliocènes* par cet éminent géologue, classement que je ne puis que respecter [quoiqu'on n'ait pas encore signalé de tels silex à cette période géologique dans d'autres parties de la France], en faisant remarquer toutefois que la pièce a été trouvée au *sommet* de la carrière, et non à une certaine distance au-dessous de ce sommet (2).

A propos du *Pliocène vendéen*, et en particulier de celui de Mareuil-sur-le-Lay, où a été trouvée cette pièce de la collection de M. Chartron, ce savant géologue a bien voulu m'écrire la lettre suivante :

« La question du *Pliocène* de Mareuil-sur-le-Lay (Vendée) est bien intéressante ; mais, là comme partout ailleurs dans ma région, je n'ai jamais trouvé de faune (si ce n'est près de Maillezais, Vendée), où j'ai rencontré une *faune marine*.

« A Mareuil et dans les environs de Luçon, c'est par position strati-

(1) *Beaulieu* est placé [le nom n'implique d'ailleurs ni un site superbe ni une belle vue, malgré l'étymologie *apparente*] sur la rive sud du Lay et sur des limons arénacés et caillouteux, à 45 mètres d'altitude, où l'on a trouvé (Boisselier, *Carte Géolog.*) des *Pectens*, indéterminables. On les dit antérieurs au creusement des Vallées [Voir *Carte Géol.*, Fontenay-le-Comte : p^{1a}].

(2) Il a pu en effet à la rigueur, vu son poids, descendre dans l'ancien sol chelléen.

graphique, et par comparaison, que j'ai donnée, dans le temps, à Boissellier (1), et que je rapporte, les dépôts de sable de la plaine de Luçon et autres, au *Pliocène* ».

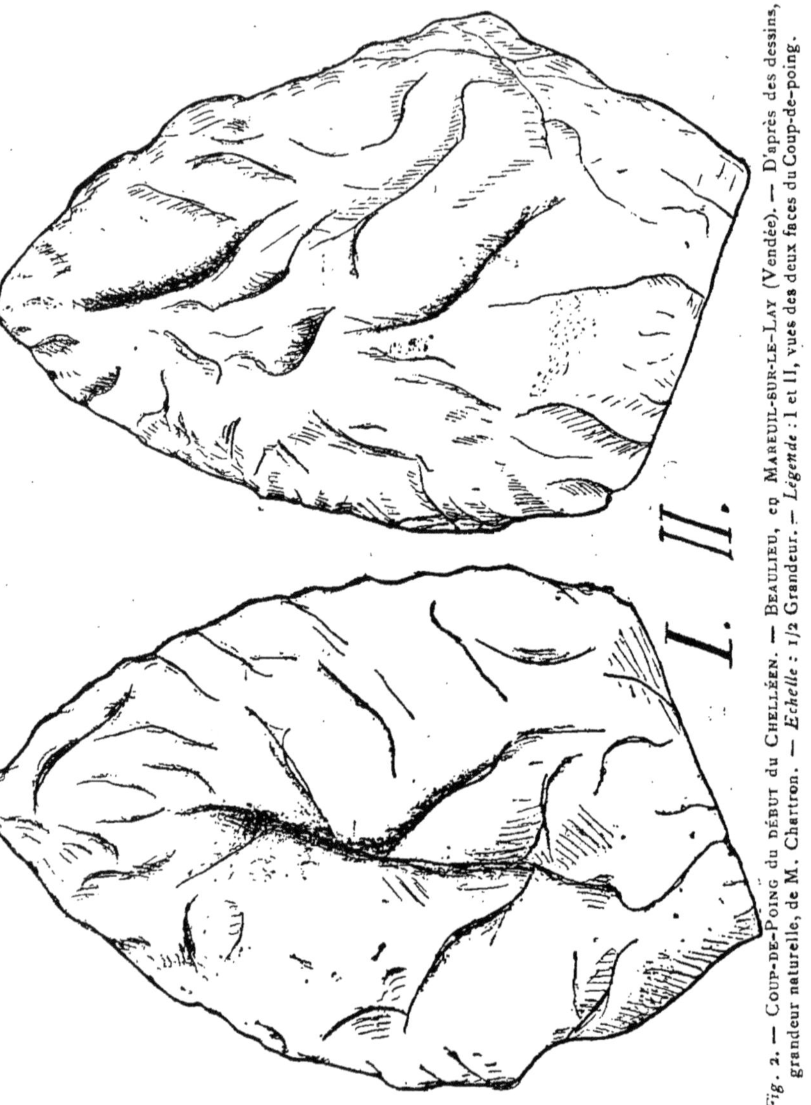

Fig. 2. — Coup-de-Poing du début du Chelléen. — Beaulieu, en Mareuil-sur-le-Lay (Vendée). — D'après des dessins, grandeur naturelle, de M. Chartron. — *Échelle* : 1/2 Grandeur. — *Légende* : I et II, vues des deux faces du Coup-de-poing.

b) *Roche.* — Ce coup-de-poing, d'après M. Chartron, très compétent en la matière, est formé d'un fragment de Lias moyen *siliceux*. La roche n'est donc pas un vrai *silex*, mais un *grès quartzeux;* et cette constatation est très importante, car elle prouve, une fois de

(1) Auteur de la Carte Géologique.

plus, que les Primitifs, c'est-à-dire *Les Chelléens* (ou même les *Préchelléens*), n'étaient pas hypnotisés par le dit silex, au moins dans les pays où il est rare. Ils savaient se contenter de ce qu'ils avaient sous la main ! La roche est en effet blanc-jaunâtre et ressemble à un morceau de calcaire très compact et extrêmement dur.

Description. — Les *dimensions* maximum sont les suivantes : Longueur, 0m200 ; largeur, 0m130. Le talon est large de 0m090.

Le *Poids* est de 1543 grammes ; c'était donc un fort et très lourd outil.

Les *faces* sont toutes les deux taillées à larges éclats. Sur les *bords*, on voit une ligne alterne, assez peu marquée, parce que les cavités des éclats ne sont pas très profondes (1). La base, oblique (2), résultant d'une section par percussion de la roche, est caractéristique du Paléolithique (*Fig.* 2).

N'ayant fait qu'entrevoir cette belle pièce, je ne puis insister davantage. Mais je la considère comme des plus intéressantes et par son *point de trouvaille* et par sa nature, qui me la font classer tout à fait au DÉBUT DU CHELLÉEN. — C'est la pièce dont a parlé d'ailleurs M. Chartron dès 1892 : « *Dépôt de sable* de Beaulieu, près Mareuil-sur-le-Lay, à peu de profondeur » (3).

II. — Il est nécessaire de répéter ici que, pour Mareuil-sur-le-Lay, M. L. Brochet a signalé des *pièces chelléennes*, provenant de l'autre rive du Lay, rive Nord [Camp de l'Ouche du Fort], dans une situation au moins analogue à celle de Beaulieu. — Mais je suis obligé d'avouer que je n'ai rien vu de *Chelléen* dans la collection F. Mandin. — Il est donc inutile d'insister.

II. — STATION DE LUÇON.

I. COUP-DE-POING [*Luçon*]. — Un coup-de-poing, beaucoup plus petit que celui de Mareuil-sur-le-Lay, que je considère aussi comme chelléen, mais de la *fin* de cette époque, se trouve en outre dans la collection de M. Chartron.

Cette pièce, indiscutable, est *taillée des deux côtés* ; elle présente un exemple de travail très soigné, s'étendant jusqu'au talon. Elle est certainement de la *fin* du *Chelléen*, si même elle n'est pas de l'*Acheuléen* [il est impossible d'être affirmatif à ce sujet], vu la finesse de la taille (*Fig.* 3).

(1) On remarquera que, comme cela se voit souvent, l'un des bords est plus court et plus droit (sa corde ne mesure que 0m160), l'autre étant plus long et plus courbe (corde de 0m200).

(2) L'obliquité est de 20° environ.

(3) Voir plus haut à l'*Historique* [p. 227].

a) *Localité*. — Elle provient de La *Maison rouge*, lieu dit situé dans la plaine de *Luçon* (Vendée), au nord de la ville.

Il a été rencontré *sur le sol*, constitué en ce point du Jurassique [J^{iii}, *Bathonien*].

b) *Roche*. — La roche, si mes souvenirs sont exacts, est un *silex bleuté*, assez semblable aux silex moustériens des Charentes, mais provenant de *chailles* du Bathonien supérieur décalcifié.

c) *Description*. — Ses *dimensions* sont les suivantes : Longueur, 0m100. Largeur, 0m080. L'épaisseur maximum au talon est de 0m030, le talon lui-même ayant une largeur de 0m060. *L'indice de talon* est donc 30 × 100 : 60 = 50. », typique du Paléolithique inférieur. — *Poids* : 209 grammes.

e) *Détermination*. — C'est, à mon sens, un outil évolué, bien différent du précédent. — Toutefois, il ne peut pas être rapproché des types moustériens, à cause de sa taille sur les deux faces, de sa forme régulière presque ovalaire, et surtout de son talon.

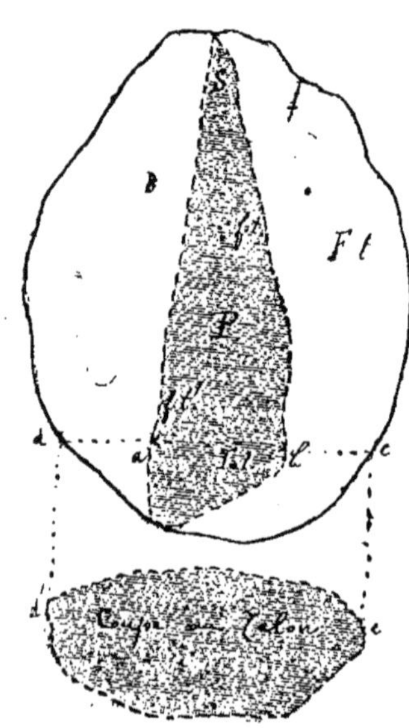

Fig. 3. — Coup-de-Poing de la fin du Chelléen. — *La Maison Rouge* (Luçon, V.) [Coll. Chartron]. — *Echelle* : 1/2 Grandeur. — *Légende* : ft, ft', les deux faces. taillées ; — S, Sommet ; — Tal., Talon [épaisseur : a b ; largeur : cd] ; — f, Petite encoche ; — cf, bord irrégulier ; — P, *Profil*.

C'est l'épaisseur de son talon qui nous le fait placer dans le Chelléen, et non dans l'*Acheuléen* ; mais l'aplatissement d'une de ses faces (*Fig*. 3 ; P, f. t'), la minceur de son sommet (S), les irrégularités de l'un des bords (fc), le placent à la limite des deux premières époques du Paléolithique inférieur.

C'est la seconde pièce dont M. Chartron a parlé dès 1892. A noter ce qu'il en a dit : « Silex probablement mis à jour par le soc de la charrue, trouvé par mon père, il y a quelques années [c'est-à-dire peu avant 1892], au Ténement dit *La Plante aux Ajoncs*, à la limite de la commune de Corps et de Luçon », c'est-à-dire au nord de Luçon.

II. Disque [*Luçon*]. — La collection Chartron renferme encore une autre fort belle pièce, que je place aussi au Chelléen.

a) *Localité*. — C'est un *Disque*, ou une sorte de Disque, trouvé, à la *surface du sol*, dans la plaine de Luçon (Vendée) (1) [Altitude : 23 mètres environ].

b) *Roche*. — La roche est un *silex, qui n'est pas local*, et qui, d'après M. Chartron, est assez comparable aux silex que l'on

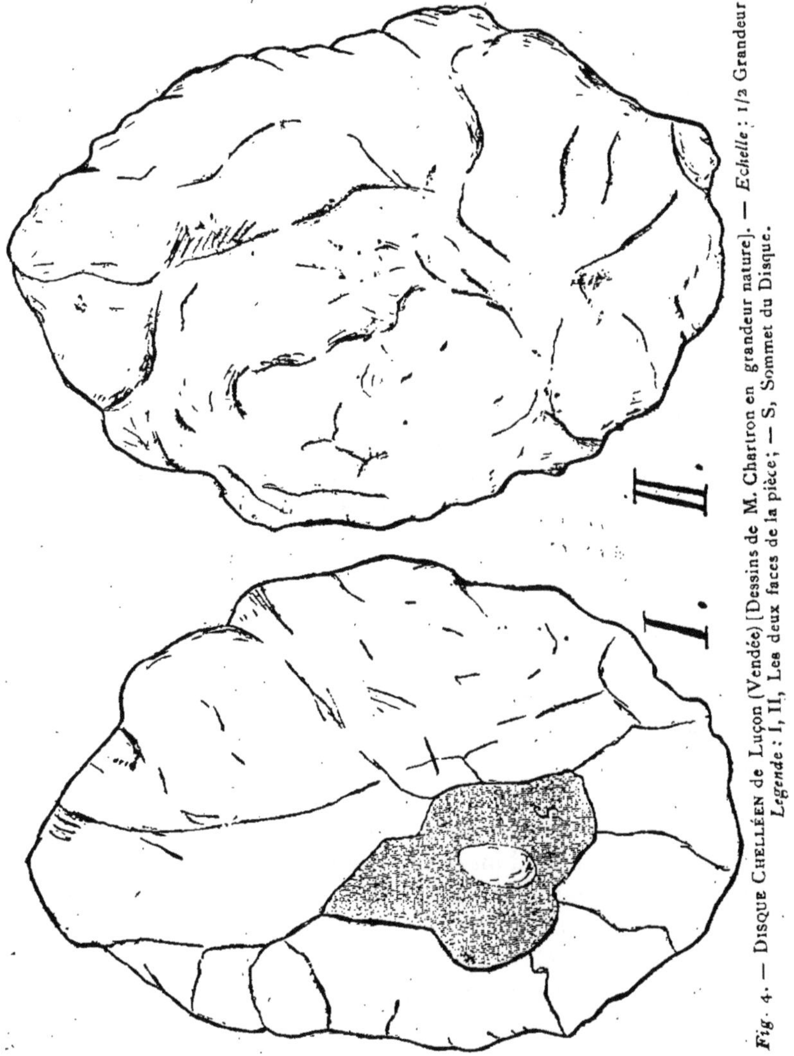

Fig. 4. — DISQUE CHELLÉEN de Luçon (Vendée) [Dessins de M. Chartron en grandeur nature]. — *Echelle* : 1/2 Grandeur.
Legende : I, II, Les deux faces de la pièce ; — S, Sommet du Disque.

trouve dans le Midi de la France, en tout cas au sud de la Vendée.

La pièce semblerait donc, à première vue, *importée* ! Mais c'est peu probable, des blocs de silex de régions éloignées ayant pu

(1) Cette plaine a dû, elle aussi, être recouverte, au moins par places, par des sables arénacés dits *Pliocènes* (pl¹), puisqu'il y en a près des Magnils-Regniers (*Carte géolog.*).

jadis être charriés assez loin de leur centre d'origine ou certaines assises géologiques ayant disparu de nos régions, sans laisser de traces évidentes.

c) *Description.* — Les dimensions sont les suivantes : Longueur, $0^{m}185$. Largeur, $0^{m}125$ (*Fig.* 4).

Le *Poids* est de 1213 gr. — C'est donc une très grosse pièce, très pesante.

Sur les dessins de M. Chartron (*Fig.* 4), on voit que l'une des faces présente une petite surface non travaillée, représentant le sommet du disque (*Fig.* 4; I; S). Mais l'autre face, ou inférieure, (*Fig.* 4; II) est taillée, aussi, à grands éclats. — La pièce est donc bien *chelléenne.*

III. — Station de La Bruffière.

Il existe, dans la collection de M. Ph. Rousseau, instituteur, à Simon-la-Vineuse, un beau *coup-de-poing*, que j'ai vu et qui a beaucoup d'analogie avec un autre que nous allons décrire plus loin.

a) *Localité.* — Il a été découvert par ce chercheur heureux dans des anfractuosités de rochers (1) à La Poinsetière (2), commune de La Bruffière, sur les bords de rive Ouest de la Sèvre-Nantaise, entre Tiffauges et Cugand. — Ces rochers y forment une sorte de lieu de culte mégalithique (Autel ?); et il n'y aurait rien d'impossible à ce que ce soient des Néolithiques, qui aient placé ou caché là cette pièce (3). — L'altitude est, d'environ, 87 à 90 mètres et l'endroit domine la rivière.

b) *Roche.* — La roche est un *silex jaunâtre,* en général bien patiné; quelques points de sa face aplatie sont blanchâtres. La base de l'objet présente des parties non taillées, où l'on voit des parcelles de *calcaire jaunâtre* et des *croûtes blanchâtres* encore adhérentes. Il s'agit donc d'un rognon provenant d'un terrain jurassique, comme il n'en existe pas dans les environs; la pièce est par suite *importée* (4).

c) *Description.* — Ce coup-de-poing est le type du *Poignard chelléen*; très allongé et à gros talon, il possède une pointe acérée, mais aplatie (*Fig.* 5).

(1) Entre Boussay et Torfou (de la rive Est). — Région accidentée, très pittoresque.

(2) La roche est du *Granite granulitique* ($\gamma\gamma^1$) [*Carte géolog.*].

(3) A La Poinsetière, en effet, dans les mêmes rochers, on a trouvé une sorte de hache en *silex*, taillée à grands éclats, qu'on a classé à tort dans le Chelléen, comme la pièce ci-dessus, mais que nous plaçons dans le Néolithique inférieur (Campignien), car il y a des traces de *polissage.* — Nous décrirons ailleurs cette belle pièce.

(4) Probablement de l'*Est* (Bassin de la Vienne).

1° *Dimensions.* — Son *poids* est de 750 grammes. Ses *dimensions* sont les suivantes : *Longueur* maximum, 0m182. *Largeur* maximum, 0m095. Epaisseur maximum, 0m065.

2° *Faces.* — La pièce présente une certaine tendance « acheuléenne », en ce sens qu'elle a une face *presque aplatie*, l'autre étant très *bombée*, surtout à la base.

a) La *Face bombée* présente çà et là des traces de gangue. Elle a 0m040 d'épaisseur. Le silex y est *jaunâtre*, bien patiné et sans

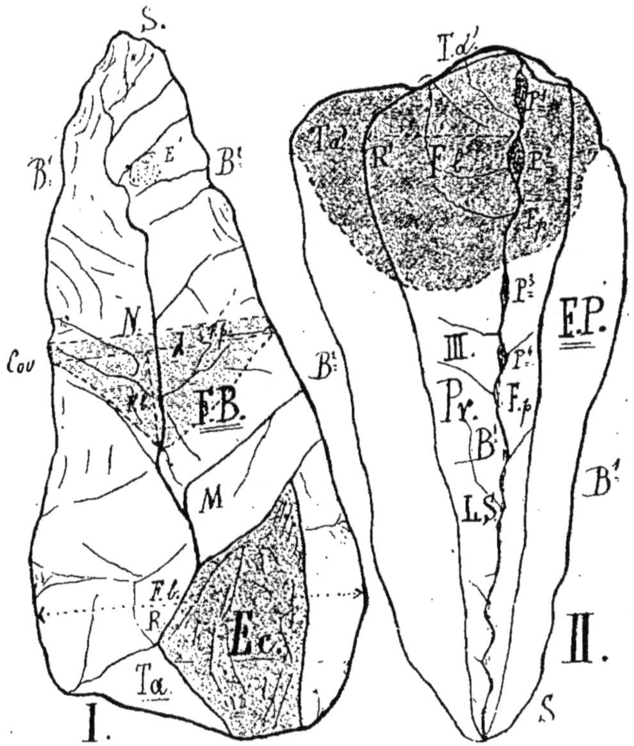

Fig. 5. — COUP-DE-POING CHELLÉEN. — La Poinsetière, commune de La BRUFFIÈRE [Coll. Ph. Rousseau]. — *Echelle* : 1/2 Grand. nat. — *Légende* : I, Vue de la *Face bombée* (F. B.) ; — II, Face *aplatie* (F. P.) ; — III, Profil (Pr.), avec vue de l'un des bords (B1). — L. S., *Ligne sinueuse* du Bord B1 ; — R, pointe du talon (Ta-Ta1), où la saillie de l'outil est le plus marqué ; — S, pointe du poignard. — Ec, Ecorce de la gangue ; — Cou, Coupe, au milieu, montrant la différence de la saillie des 2 faces, aplatie (F. p.) et *bombée* (F. b.) ; — N, M, flancs gauche et droit des Faces (coupe triangulaire en *Cou*) ; — S, R., ligne de faite (arête) ; — P1 à P4, points où il y a des *Etoilures de Percussion* ; — B1, B2, les deux bords à ligne sinueuse.

cacholong. Elle est taillée à grands éclats obliques et très puissante à la base. En son milieu, la coupe de l'outil est triangulaire, d'une façon très marquée (Triangle ayant 0m30 de hauteur pour 0m60 de largeur) [*Fig.* 5 ; I, *Cou.*].

b) La *Face aplatie*, bien plus régulière, quoique taillée aussi à éclats très grands, plus larges et moins allongés qu'à l'autre face, est *blanchâtre*, c'est-à-dire cacholonnée par places. Elle n'est épaisse que de 0m25 à peine. La coupe est, en son milieu, rectangulaire, au lieu d'être triangulaire, avec une hauteur qui n'atteint pas 0m010 [*Cou.*].

3° *Bords*. — Les *bords* de la pierre forment des *lignes sinueuses* typiques, surtout sur le bord gauche de la face bombée (*Fig.* 5; III; B1), où l'alternance des éclats est très nette et très marquée.

On dirait que, de ce côté au moins, le coup-de-poing a servi de PERCUTEUR, surtout vers sa base (P1 à P4), car il semble qu'il y ait des *étoilures de percussion;* cette apparence ne peut pas être due, en effet, à des retouches latérales avortées et tentées en vain par des percussions un peu fortes (*Fig.* 5 ; P1 à P4).

4° *Base*. — La *base* de l'instrument correspond à un *talon* (Ta1) extrêmement puissant. Quoique un peu irrégulière, par suite des défauts de la roche d'origine caverneuse ou lacunaire, elle est bien en main, malgré ses aspérités très marquées du côté de la face bombée, mais nulles du côté de la face plate, qui descend jusqu'au talon de l'outil, absolument plan. Ce contraste, très frappant, semble être voulu.

En somme, pièce tout à fait typique.

III. — STATION DE PAYRÉ-SUR-VENDÉE, FOUSSAIS et DES COMMUNES VOISINES.

Je connais 13 pièces provenant de ces communes : D'abord celle, si bien étudiée par mon ami, E. Bocquier, au point de vue *géologique*; puis les 12 coups-de-poing et éclats de la Collection du Dr Bourasseau (de Foussais) (*Fig.* 6 à 13).

1° COUP-DE-POING-POIGNARD n° I [*Collection Fallourd*]. — M. E. Bocquier a écrit sur cette belle pièce, dont un moulage a été fabriqué à mon intention par M. Waitzen-Necker (de Fontenay-le-Comte), ce qui suit; nous reproduisons, textuellement, son travail.

a) *Roche*. — « Silex à *patine blanche*, superficiellement *cacholonné*; mais un éclat, enlevé d'un coup de pioche, en révèle la *teinte foncée* originelle. Certainement d'*origine locale*, les formations siliceuses de cette nature étant abondantes dans le *Jurassique* du Poitou, où elles constituent parfois un faciès du *Bajocien* et du *Bathonien* [Un îlot important de Bajocien apparaît encore dans la plaine de Payré] (1) ».

b) *Description*. — « Cette arme est d'un type *lancéolé*, presque *cordiforme* (2)... Au culot, qui s'adapte parfaitement à la paume

(1) Admettons donc qu'il s'agit d'un *Silex du Bajocien*.

(2) Type très différent de la forme *ovalaire* de Luçon, de l'*ovalaire oblique* de Mareuil-sur-le-Lay, et surtout des « Amandes » dites de Chelles.

de la main, le *cortex du silex* n'a pas été abattu. — En revanche, la partie travaillée, bien que taillée sur ses deux faces, indique, par son allure lancéolée, sont extrémité amincie et aigue, ses arêtes d'une ligne assez régulière et légèrement concave, une ***industrie supérieure*** à celle qui a produit certaines armes... Elle paraît donc appartenir à la *fin* de la période chelléenne.

« L'arme mesure 0^m155 de longueur; 0^m09 de largeur; 0^m055 d'épaisseur au culot, qui est la partie la plus renflée (***Fig.*** 6) ».

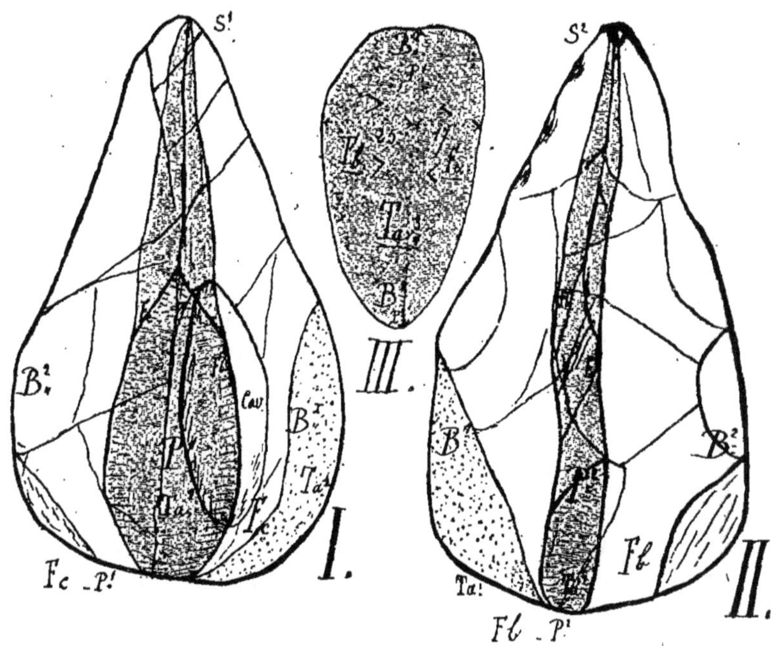

Fig. 6. — Schéma du COUP-DE-POING FIN CHELLÉEN, de *Payré-sur-Vendée* [Coll. Fallourd], d'après le *Moulage* de M. Waitzen-Necker [Coll. Marcel Baudouin]. — *Echelle* : 1/2 Grandeur. — *Légende* : I, Face à *creux* (F. c.) marqué (*Fig.* 7; II); — II, Face *bombée* (F. b.); — III; *Talon* du Coup-de-Poing; — P¹, Profil du *Bord Epais* B1 (gauche); — P², Profil du *Bord mince* B² (droit).

c) ***Dépôt in situ.*** — « ***Elle n'a pas été roulée***; les arêtes sont très vives; la pointe n'est pas émoussée; et le cortex lui-même, très caractéristique à cet égard, a gardé sa rugosité première. » [Bocquier].

d) *Remarques personnelles.* — Les photographies et dessins, *inédits*, que je tiens à donner ici (*Fig.* 6 et 7), de cette belle pièce, déjà citée par moi (1) et de capitale importance pour la Vendée,

(1) Marcel BAUDOUIN. — [*Les Paléolithes de Vendée*]. — *Bull. Soc. Préh. Franç.*, Par., 1909, n° 7, VI, p. 339.

puisqu'elle a été *trouvée en place*, suffiront à compléter la description ci-dessus. — Toutefois je dois ajouter encore quelques réflexions sur ce coup-de-poing, qui est un véritable *Poignard*.

a) Les deux *bords* de la pointe ne sont pas semblables; et la pièce n'est pas symétrique. Un bord est presque *droit* (*Fig.* 6; III, B²); et l'autre (B¹), *oblique*. Le premier a 0ᵐ110 et l'autre 0ᵐ080 seulement. Il apparaît bien que, si l'outil ne travaillait pas *par la pointe*, c'est le *grand bord*, oblique, qui devait être surtout utilisé.

b) Une des *faces* (*Fig.* 6; I, *Cav.*) présente une cavité *ovalaire*, à grand axe vertical, résultat de *l'ablation d'un fort éclat* : fait qui semble *voulu*. On dirait que cette dépression a été réalisée à dessein pour placer le pouce, et assurer une prise plus solide de l'outil.

On remarquera en outre (*Fig.* 6; III) qu'une des faces est *plus plate* (*F. c.*) que l'autre, et même un peu *concave*, tandis que l'autre est *bombée* (*F. b.*). Cela donne des indications très nettes, sur la façon dont la pièce devait être maniée (la *concave* correspond à la *cavité* signalée).

e) *Stratigraphie.* — Mais le point sur lequel il importe d'insister est celui qu'a si bien mis en relief M. E. Bocquier. C'est la *position stratigraphique de cette pièce* ! — Je la résume en quelques mots.

« Découverte en 1886, commune de Payré-sur-Vendée, non loin du *Moulin de La Boule*, dans le *Champ des Justices*, appelé au Cadastre (1840) *le Champ Rouge* (couleur du sol argileux), n° 26, section B, et connu actuellement sous le nom de *Champ de la Pibolière*. Altitude : 86 mètres environ; au niveau du versant d'une plaine, du côté *Sud-est*, descendant en pente douce vers la rivière *La Vendée*... »

« En place, dans l'endroit où elle fut abandonnée au sein d'un limon, *sans remaniement*, à 0ᵐ65 de profondeur, noyée dans la terre vierge de tout travail humain, à l'abri du soc des charrues et du fer de bèche... Trouvaille au moment de la fabrication d'un fossé de 1 mètre de profondeur, pour enclore le *Champ Rouge*. Le sol arable n'avait que 0ᵐ30. Au-dessous : *terre rouge*, compacte, résistante, à *veines noirâtres*, ferrugineuses, ne pouvant être attaquée qu'à la pioche... »

Or le limon rouge en question est le P^{1b} de la *Carte géologique du Service des Mines*, dressé par M. Boisselier. Il forme une nappe continue sur tout le Plateau situé à l'ouest du bourg de Payré-sur-Vendée. « C'est un limon dû au *ruissellement*, dit Bocquier; il est indiscutablement *postérieur au creusement de la vallée de la Vendée*; et ce dépôt n'a rien de commun avec les *terrasses*. Il résulte d'un transport sur pentes préexistantes, par le ruissellement des eaux sauvages, de matériaux entraînés des crêtes. »

f) Conclusions. — 1° S'il en est ainsi, en ce point, le ruissellement n'aurait pu amonceler que 0m60 de ce limon depuis le *Chelléen*, c'est-à-dire depuis une soixantaine de mille ans. C'est relativement très peu, car la pente est assez forte. En tout cas, il est établi désormais que la partie supérieure de ce limon est nettement *Fin Chelléen* ou *début de l'Acheuléen*, partant *Quaternaire* : hypo-

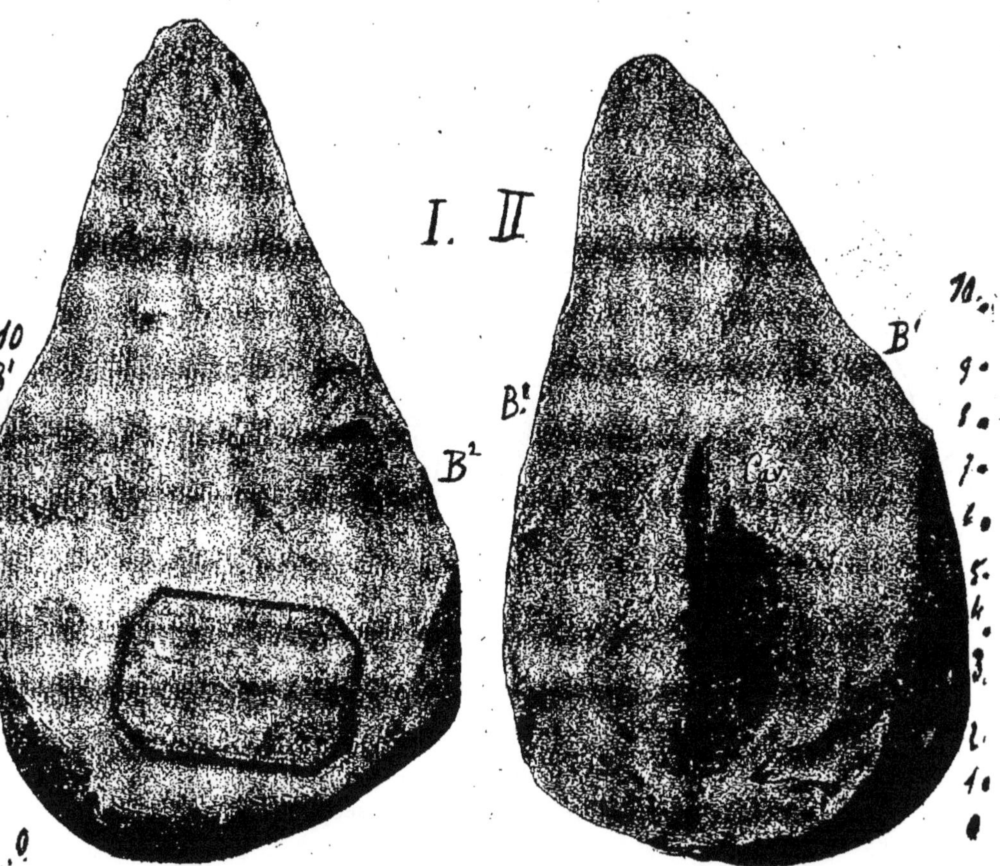

Fig. 7. — COUP-DE-POING du CHAMP ROUGE de PAYRÉ-SUR-VENDÉE. — Photographies du Moulage [Waitzen-Necker]. de la Collection M. Baudouin. — *Echelle* : 2/3 Grandeur. — *Légende* : I, Face un peu *bombée*; — II Face un peu *concave*, à Cavité très nette [Cav.] — B¹ et B², Bords *droit* et oblique.

thèse d'ailleurs déjà soupçonnée par tous les Géologues de la Vendée, mais non prouvée jusqu'à cette découverte intéressante.

2° Le coup-de-poing en question (1) est-il, sûrement, de par sa *technologie*, fin *Chelléen*, c'est-à-dire contemporain d'une faune

(1) Ce coup-de-poing n'est pas autre chose qu'un *Poignard*. Il faut bien distinguer cet outil des Racloirs, Couteaux, et autres pièces de la même époque.

très chaude à *Rh. Mercki* et *Elephas antiquus*. Cela, nous n'en sommes pas certain; et il pourrait très bien, vu sa forme très *lancéolée* et sa fine technique de fabrication, être *Acheuléen* (Acheuléen I), comme quelques-unes des pièces signalées plus loin. Mais, pour ne pas embrouiller le problème, et vu l'absence de faune dans les limons P^{1b}, nous laissons provisoirement ces pièces dans le *Chelléen* II (*Fin* de l'Epoque Chelléenne) (1).

2° *Coup-de-poing N° II* [Coll. Bourasseau] [La Socelière] (2).

a) *Historique*. — Voici ce qu'en a dit déjà E. Bocquier : « [Pièce] moins régulière que la précédente, taillée aussi à grands

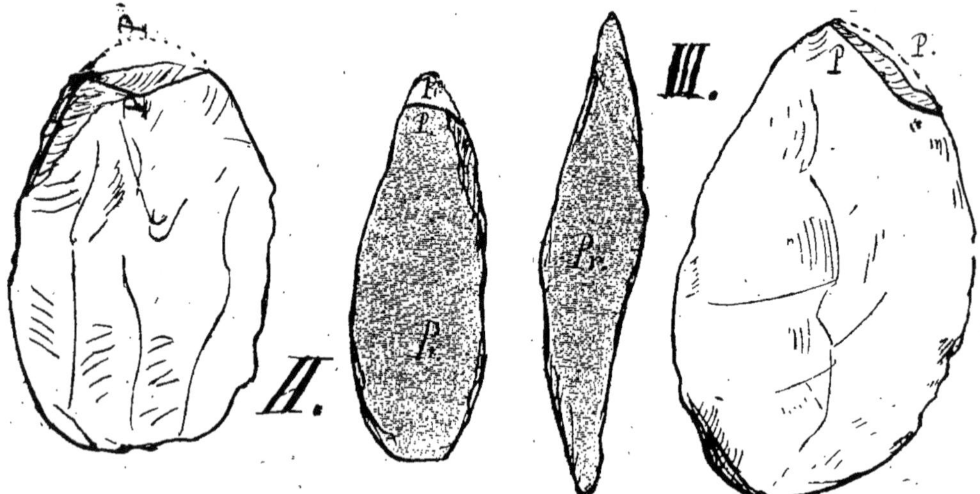

Fig. 8. — Coups-de-poing Chelléens [Collection du Dr Bourasseau]. — *Echelle* : 1/2 Grandeur. — *Légende* : II, Payré-sur-Vendée [*La Socelière*]. — III, Saint-Hilaire-des-Loges : *Le Bois de La Vergne*. — Pr, Profil des pièces ; — P, sommet (3).

éclats. Trouvée en 1906 au *Bois de La Vergne*. *Poids* : 348 gr. *Dimensions* : Longueur, 0m098 (pointe brisée); largeur, 0m070 ; épaisseur, 0m030 ».

(1) Dans la Classification du Dr Baudon (Oise), le Coup-de-poing de Payré-sur-Vendée serait classé dans l'Acheuléen (*première époque* ou *Acheuléen I*), car ceux de la deuxième époque sont surtout caractérisés, en effet, d'après lui [Dr Baudon. *Période Acheuléenne. IIIe Congrès préh. France*, Autun, 1907, p. 86-98] par un *amincissement de la base*, le talon étant toujours *sans cortex*. Ceux de la *première époque* ont, par contre, le talon épais, gros et étalé, comme ceux de la 2e, mais avec un cortex. — Toutefois cette classification n'est pas admise encore par beaucoup de Préhistoriens, et est peut-être un peu trop *locale*.

(2) La *Saucelière* (*sic*) de la Carte d'Etat-Major [Rive droite ou Nord de la Vendée].

(3) Les dessins des *Figures* 8 à 13 nous ont été, très aimablement, adressées par M. le Dr Bourasseau, que nous tenons à remercier tout particulièrement à cette occasion.

En réalité, d'après M. Bourasseau, cette pièce serait celle de *La Socelière* [Il y aurait donc eu ici interversion de localités].

b) *Etude personnelle*. — M. le Dr Bourasseau a bien voulu m'adresser le *décalque* de cette pièce (comme des suivantes); et voici ce que je constate sur son dessin (*Fig*. 8; II) (1).

Dimensions : Longueur, 0^m098 (comme Bocquier) [M. Bourrasseau indique que la pièce ici figurée est *cassée* (il manquerait 0^m030), à une extrémité (P, P[1])]. L'épaisseur est de 0^m030.

Les extrémités sont épaisses, bien entendu, surtout la base; mais la pointe (P, P') est moins effilée que sur les coups-de-poing qui suivent.

Ce silex paraît bien être *Chelléen*; il ne me semble pas pouvoir être classé dans l'Acheuléen.

2° Coup-de-Poing n° II [Collection Bourasseau] [Le Bois de La Vergne]. — E. Bocquier a signalé cette pièce de la façon suivante dès 1890.

a) *Historique*. — « *Amygdaloïde*, taillé sur les deux faces, à *grands éclats*. *Poids* : 323 grammes. *Dimensions* : longueur, 0^m125; largeur, 0^m075; épaisseur, 0^m035. — Trouvé à *La Socelière* de Payré en 1900. Silex, paraissant venir des bancs de *silex* de La *Gibaudière* (2), de Payré, à cause de sa couleur claire (Bathocien) ».

En réalité, d'après M. Bourasseau, il s'agit ici du silex trouvé au *Bois de La Vergne* (3).

b) *Etude personnelle*. — Sur le dessin de M. le Dr Bourasseau (*Fig*. 8; III), je remarque que la longueur est bien de 0^m125; que la pièce est large de 0^m075, mais épaisse seulement, au maximun, de 0^m025. — L'épaisseur maximum de ce beau coup-de-poing correspond ici à la partie centrale de l'outil, et non plus à sa base.

Cette disposition rappelle certainement la forme en *limande* de l'*Acheuléen*; mais pourtant, d'ordinaire, les limandes acheuléennes de cette épaisseur sont beaucoup plus allongées. C'est pour cela que je classe encore ce coup-de-poing à la *Fin du Chelléen*. — A remarquer, sur le schéma, une cassure, qui semble rappeler certaines *Encoches* acheuléennes.

(1) Je lui suis très reconnaissant de ses précieux décalques et de ses notes.

(2) *La Jibaudière* de la Carte d'Etat-Major. — Pourtant la *Carte géologique du Service des Mines* ne mentionne pas de gisement de Jurassique à La Gibaudière; cette roche est sans doute assez bas située sous le limon du plateau (P[1b]).

(3) Commune de *Saint-Hilaire-des-Loges*, sur la rive gauche ou Sud de la Vendée (et non plus sur la rive droite). — La trouvaille a été faite près du Gué de la Vendée, situé en face la Métairie de Cheusse (Payré-sur-Vendée), c'est-à-dire à la cote de 52 mètres environ. *Roche locale*. — [Dr Bourasseau].

4° COUP-DE-POING n° IV [Coll. Bourasseau]. — D'après Bocquier: « Silex *cacholong*. Trouvé en 1891 à *La Gibaudière*. *Poids* : 247 grammes. *Dimensions* : longueur, 0m080 (pointe brisée); largeur, 0m070 ». — Sur le dessin de M. Bourasseau (*Fig.* 9; IV), je constate qu'il s'agit d'un coup-de-poing *triangulaire* (comme certains de l'*Acheuléen*), mais à base très épaisse, atteignant sur le profil 0m030. L'outil, quand il avait sa pointe (PP'), devait atteindre au moins 0m100 de longueur.

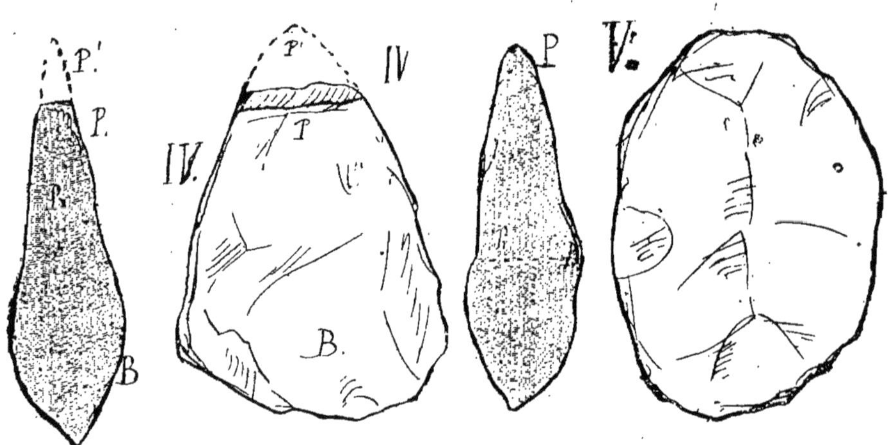

Fig. 9. — COUPS-DE-POING CHELLÉENS [Collection Bourasseau]. — *Echelle* : 1/2 Grandeur. — *Légende* : IV, PAYRÉ-SUR-VENDÉE [*La Gibaudière*] — V, FOUSSAIS (*Maigre-Souris*) (1).

Il est taillé à la *base* même ; et il ne reste là aucun cortex. C'est donc aussi un outil de la *fin du Chelléen*, assez semblable à celui de Luçon.

La roche n'est pas locale; c'est un silex *importé*.

5° COUP-DE-POING n° V [Coll. Bourasseau]. — D'après Bocquier : « Analogue [au coup-de-poing n° III] ; taillé à grands éclats sur les deux faces; de contours assez irréguliers. *Poids* : 233 grammes. *Dimensions* : longueur, 0m100; largeur, 0m068; épaisseur, 0m030. — Trouvé, en 1902, dans la plaine de *Maigre-Souris* (1) ».

Sur le décalque de M. Bourasseau (*Fig.* 9; V), je remarque qu'il s'agit d'une véritable *Amande*, mais plus épaisse à la base qu'au sommet. — Il s'agit donc probablement ici aussi d'un outil *chelléen*, ayant les dimensions indiquées par E. Bocquier.

(1) Même *légende* que ci-dessus [B, face bombée].

(2) *Maigre-Souris* est de la commune de FOUSSAIS. — Le silex est de la roche de La Gibaudière (Bajocien) [comme le n° III], d'après M. Bourasseau.

6° Coup-de-Poing n° VI. — Cette pièce, comme toutes les suivantes, de la collection du Dr Bourasseau, est inédite. C'est l'une des plus belles, à mon sens. D'après le décalque (*Fig.* 10), il s'agit d'un coup-de-poing, taillé à grands éclats, trouvé à *La Veillonnière*, de Foussais. — La roche serait un calcaire siliceux coquillier.

Les *dimensions* sont les suivantes : longueur, 0m145 ; largeur, 0m085 ; épaisseur, 0m033.

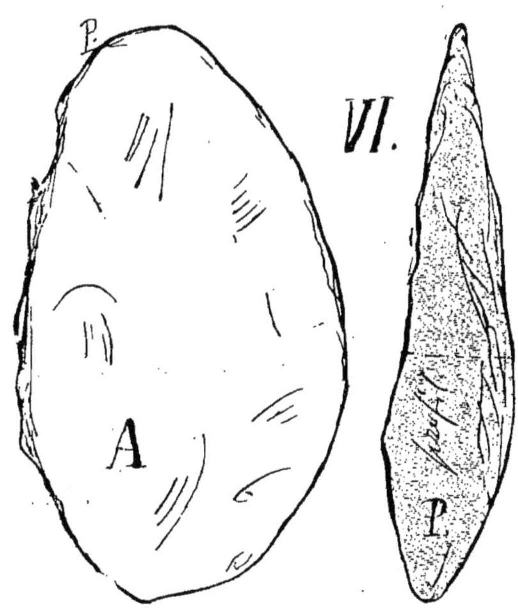

Fig. 10. — Coup-de-Poing Chelléen [Collection Bourrasseau]. — VI, Foussais [*La Veillonnière*]. — *Echelle* : 1/2 Grandeur. — *Legende* : A, Face bombée ; — P, Profil.

La plus grande épaisseur correspond à l'union du 1/3 inférieur avec les 2/3 supérieurs de l'outil. Malgré la finesse de la pointe et l'aspect des faces, il s'agit donc très probablement aussi d'un coup-de-poing de la fin du Chelléen ; mais il est indiscutable qu'il ressemble fort à de l'Acheuléen.

7° Coup-de-Poing n° VII. — Petite pièce, trouvée aussi à *La Veillonnière*, de Foussais. — Il s'agit d'un silex rougeâtre, rubanné, non local, en roche certainement *importée* (*Fig.* 11 ; VII).

Les *dimensions* sont les suivantes : longueur, 0m085 ; largeur, 0mm055 ; épaisseur, 0m030. Une des faces est beaucoup plus aplatie que l'autre, très bombée à la partie inférieure.

Forme irrégulière et atypique.

8° Petite pièce n° VIII. — Très petite pièce ramassée au *Bois de La Vergne*, de Saint-Hilaire-des-Loges, en silex du gisement de La Gibaudière. — *Dimensions* : Longueur, 0m058 ; largeur, 0m050 ; épaisseur, 0m025 (*Fig.* 11). Une face presque *plate*, lisse, sans retouches ; l'autre extrêmement *bombée*. Epaisseur relative, très grande à la base. Son poids est de 50 grammes environ.

Il n'est pas démontré que cette pièce soit chelléenne ; elle n'a pas

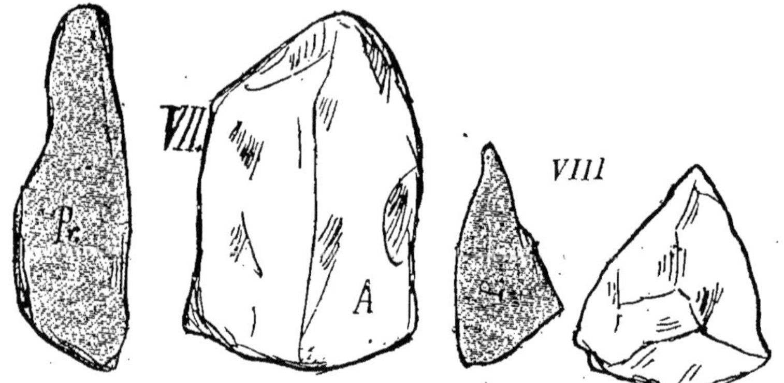

Fig. 11. — Pièces Chelléennes [Collection Bourasseau]. — *Echelle* : 1/2 Grandeur. — *Légende* : VII, Foussais (*La Veillonnière*). — VIII, Saint-Hilaire-des-Loges [*Le Bois de La Vergne, n° II*].

non plus l'aspect acheuléen. Il n'y aurait rien d'impossible à ce qu'elle soit *moustérienne*. Mais nous la décrivons à cette place, conformément aux indications de M. le Dr Bourasseau.

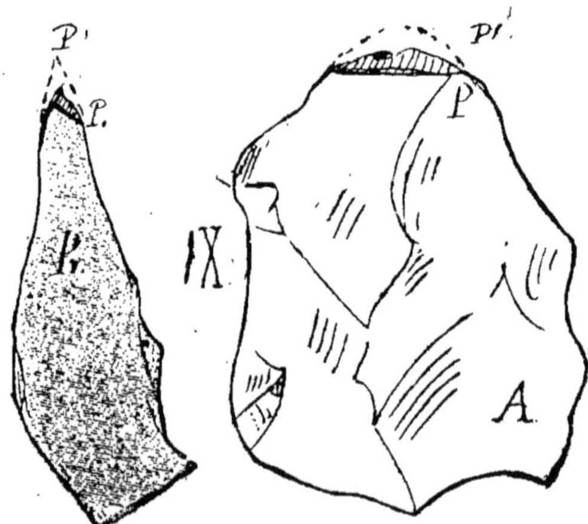

Fig. 12. — Coup-de-Poing Chelléen [Collection Bourasseau]. — *Echelle* : 1/2 Grandeur. — Foussais [*Le Breuil*].

9° Coup-de-Poing n° IX. — Trouvé au *Breuil* de Foussais. — Silex du *Breuil* même (1) de Foussais. — Pièce irrégulière, dont

(1) Au Breuil, sur la *Carte géologique*, il n'y a pas d'affleurement de Calcaire ; on n'a indiqué que des schistes (X).

la pointe serait *cassée*. — Une face presque plate, quoique taillée à grands éclats. Epaisseur, 0m030, pour une longueur de 0m030 et une largeur de 0m080 (*Fig.* 12; IX).

10°-13° AUTRES PIÈCES. — Je ne décris pas les autres pièces, vu leur moindre intérêt et me borne à renvoyer aux schémas ci-joints (*Fig.* 13).

Le n° X a été ramassé au *Fief* de Foussais; c'est du *silex* provenant du village de *Trié*, au sud-est de Foussais, d'après le Dr Bourasseau (1).

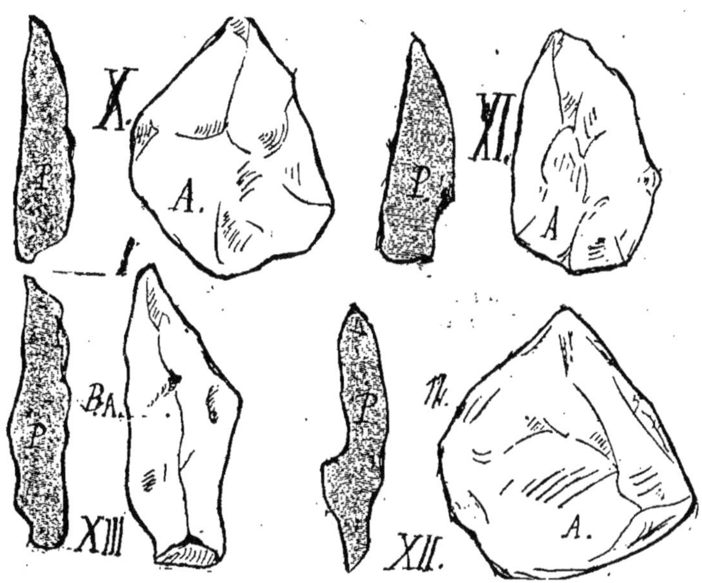

Fig. 13. — PIÈCES CHELLÉENNES [Collection Bourasseau]. — *Echelle* : 1/2 Grandeur. — *Légende* : X, FOUSSAIS [*Le Fief*]; — XI et XII, PAYRÉ-SUR-VENDÉE [*La Gibaudière*]; — XIII, PAYRÉ-SUR-VENDÉE (*Cheusse*).

Les nos XI et XII ont été trouvés à *La Gibaudière*, de Payré-sur-Vendée.

Enfin, le n° XIII, en silex de teinte rosée, avec veinules, a été trouvé en 1907, à la Métairie de *Cheusse*, de Payré-sur-Vendée (2), près du Gué de *La Vendée*, faisant communiquer La Vergne et la Socelière. Le poids de cette pièce n'est que de 32 grammes. La longueur est de 0m077 et l'épaisseur de 0m015. — S'agit-il bien là de Chelléen? Il m'est difficile de l'affirmer, vu la petitesse de la pièce, que je n'ai pas vue.

(1) *Trié* est sur les sables P1b [Carte géologique].
(2) Non loin de L'Epineraye, près de La Vergne.

Conclusions. — En présence de ces trouvailles (1), il est indiscutable qu'il y a eu, à l'époque *Chelléenne*, et plus probablement vers la fin de cette période, une Station humaine assez importante sur le *plateau* situé entre la Vallée de Maigre-Souris, et la rivière de Vendée, au S. O. du Bourg actuel du *Payré-sur-Vendée*, à une altitude d'environ 90 mètres au maximum (*Fig.* 14).

Les pièces qu'on y a trouvées, au nombre de *treize* au moins, dont une en position stratigraphique, et douze à la *surface du sol*, ont été conservées en ce point par suite du *dépôt du Limon* **P**[1b], qui existe encore sur ce plateau et dont l'étude a été si bien faite par MM. Boisselier et E. Bocquier, les trouvailles sur le sol n'étant que le résultat de *dénudations* partielles ou de travaux humains récents.

Ces pièces sont soit *fin Chelléen*, soit *Acheuléen*; mais, en l'absence de faune typique, je les laisse toutes au *Chelléen*, jusqu'à nouvel ordre !

C'est là une constatation très digne de remarque, qui n'a pu être faite que grâce à la pièce recueillie avec soin par M. Fallourd et surtout à celles de M. le Dr Bourasseau (de Foussais). — Il importait donc ici de signaler le rôle que ces chercheurs ont joué dans cette découverte, tout à fait capitale pour notre Haut-Bocage et le bassin de la rivière La Vendée (1).

IV. — Station de Saint-Cyr-en-Talmondais.

Je ne possède aucun document personnel sur les trouvailles *chelléennes* de B. Fillon à Saint-Cyr-en-Talmondais. Plus haut, j'ai rapporté tout ce que l'on en connaît, grâce à quelques lignes dues à MM. A. et G. de Mortillet.

a) *Localité.* — Il résulte de ce texte qu'on aurait trouvé, dans le *Parc du Château de La Court*, où se trouve actuellement la belle collection de M. R. de Rochebrune, *six* instruments de cette époque. — L'altitude est de 20m environ.

b) *Roche.* — Le point intéressant est la nature de la roche, qui a été notée avec soin.

Il y a : *a*) 1 pièce en *Quartz de filon*, roche très commune en Vendée, mais rarement employée, même dans l'Ouest, pour la fabrication des Outils. *b*) 3 pièces en *Jaspe*, roche probablement importée. *c*) 2 pièces en *Silex*, sur lequel nous n'avons aucun renseignement.

La station paraît *certaine*; mais c'est tout ce que je puis en dire !

(1) *Deux percuteurs*, trouvés aussi à Payré-sur-Vendée et cités par E. Bocquier, ont plus de chances d'être *Néolithiques* que *Paléolithiques inférieurs* ; il n'y a donc pas lieu de les décrire dans cette note.

Fig. 14. — Carte de la STATION CHELLÉENNE des SOURCES DE LA VENDÉE [*Payré-sur-Vend* , *Foussais*, etc.], d'après la Carte d'Etat-major. — *Echelle*: 1/50.000.

Légende: Pl^{a}, *Limon des plateaux* ancien [Limites des gisements : - - - -]. — IV, *Jurassique*. — X, *Schistes*. — 1^{4}, *Lias*. — Le nom des *gisements paléolithiques* est souligné [signes internationaux une fois. — Les *trouvailles Néolithiques* ont été indiquées aussi par leurs signes spéciaux [les noms sont soulignés *deux fois*].

V. — Saint-Vincent-Sterlange.

Cette station ne m'est connue que par le texte de A. et G. de Mortillet (*Préhistorique*, 3e édition). Les auteurs se bornent d'ailleurs à une simple indication bibliographique. — Altitude : 65^{m} (?).

Les pièces sont introuvables.

VI. — Station de Saint-Denis-du-Payré.

Découverte. — Voici ce qu'a écrit, à ce propos, M. L. Brochet (1) en 1902.

« Au mois de septembre 1892, M. Lièvre, le savant archéologue de Poitiers et nous, avons trouvé, au pied de la *Tonnelle* [de Saint-Denis-du-Payré] (2), des silex, dits *Amandes de Chelles*, et divers autres objets de l'époque *solutréenne* ou *magdalénienne* ».

Recherches personnelles. — Cette dernière phrase m'ayant donné l'éveil, car je ne connais aucune pièce *solutréenne* et même *magdalénienne* (certaine) pour la Vendée, j'ai prié M. L Brochet de me fournir des détails plus circonstanciés sur cette trouvaille.

Voici la lettre que j'ai reçue récemment de M. L. Brochet (1912) :

« Mon Cher Confrère, A quelque vingt ans et plus de distance, il m'est assez difficile de vous donner des renseignements bien précis sur ce que vous me faites l'honneur de me demander.

En ce qui concerne les « Amandes de Chelles », trouvées non loin d'un moulin, situé en bordure de la route de Lairoux à Grues, je crois me souvenir que les plus beaux types ont été emportés par M. Lièvre, qui faisait alors un cours d'archéologie à la Faculté de Poitiers ; les autres sont demeurés sur le terrain, où il serait facile, je crois, d'en retrouver d'autres ».

En présence de cette réponse, je n'ai pas poursuivi plus avant mes investigations à Poitiers. Je chercherai sur les lieux, dès que je le pourrai, et ferai une fouille de contrôle.

Géologie. — La découverte de 1892 a été faite, évidemment, dans les sables, dits *pliocènes* (?), qui couronnent l'îlot ancien de Saint-Denis-du-Payré, qui sont indiqués par **p**^{1a} sur la *Carte géologique*, et qui par conséquent sont de même nature que ceux de *Beaulieu*, à Mareuil-sur-le-Lay, où M. Chartron a trouvé un très beau Coup-de-poing chelléen. — Il est donc très possible qu'on ait trouvé là du Chelléen.

(1) L. Brochet. — *La Vendée à travers les Ages.* — 1902, t. I [v. p. 93].

(2) Monument connu, figuré par B. Fillon. — Ce n'est qu'un ancien *Moulin à vent* [Type *primitif*].

VII. — Station de Saint-Laurent-sur-Sèvre.

Découverte. — M. L. Charbonneau-Lassay s'est exprimé ainsi sur cette station : « Du jardin du Collège de Saint-Gabriel, à Saint-

Fig. 15. — Coup-de-Poing Chelléen, en Quartzite, trouvé à Saint-Laurent-sur-Sèvre (Vendée). [Cliché L. Charbonneau-Lassay]. — Vues de *face* et de *profil*. — *Echelle :* 1/2 Grandeur.

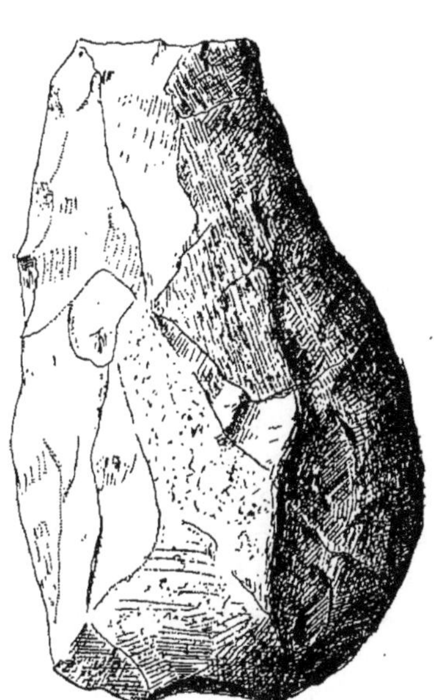

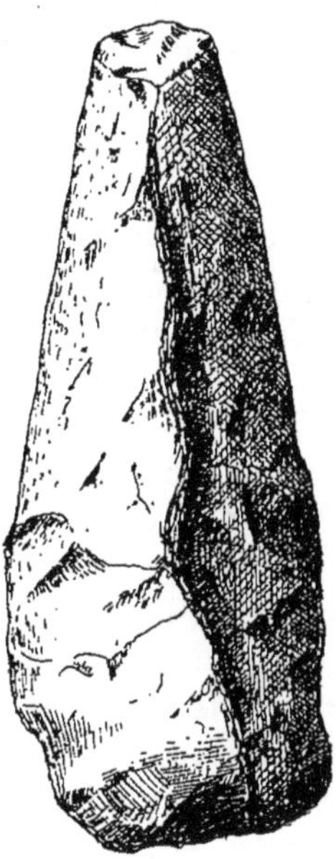

Fig. 16. — Coup-de-Poing Chelléen, en Quartzite, trouvé à Saint-Laurent-sur-Sèvre (Vendée). [Cliché L. Charbonneau-Lassay]. — Vues de *face* et de *profil*. — *Echelle :* 1/2 Grandeur.

Laurent-sur-Sèvre, sont sortis *deux* remarquables instruments *paléolithiques*, en *quartzite*... Ce sont deux coups-de-poing, mesurant 0m08 et l'autre 0m14 de longueur » (*Fig.* 15 et 16).

Roche. — « Le *quartzite* employé est une roche locale, très dure, compacte et de texture éminemment rebelle à la taille... ; ce sont les seuls [objets en quartzite] offrant un caractère *chelléen* nettement accusé...

« Ces deux instruments en QUARTZITE de Saint-Laurent prouvent que le sol granitique pouvait fournir aux aborigènes la matière de leurs instruments : le granite et les schistes sont, en effet, coupés en bancs de *quartz*, *quartzite*, *calcédoine*, infiniment variés ; seulement les outils façonnés avec ces matériaux, à l'encontre du silex, qui se voit au premier coup d'œil, ne se distinguent que difficilement des autres cailloux de même roche qui couvrent le sol. »

Description. — L'auteur de la trouvaille n'a pas décrit plus longuement les deux pièces chelléennes en question ; mais, comme il les a figurés dans son mémoire et comme je puis reproduire (1) ici ses figures (*Fig.* 15 et 16), je crois devoir ajouter quelques mots à ce sujet.

1° *Coup-de-Poing n° I* (*Fig.* 15). — Sur la *Fig.* 15, on peut voir que cette pièce de forme *ovoïde* a une épaisseur de 0m04 pour une longueur de 0m08. Les faces sont taillées à très grands éclats ; les bords présentent la ligne alterne. Le mode de taille et surtout la forme de la pièce en font un coup-de-poing, qui se rapproche de ceux de l'Acheuléen, et qui par conséquent est de la *fin* de la période. La taille a, en effet, une grande analogie, avec le coup-de-poing *acheuléen* du Château-d'Olonne, qui, par contre, est beaucoup plus mince (Voir *Fig.* 19).

2° *Coup-de-poing n° II* (*Fig.* 16). — Pièce d'aspect très différent, mais ressemblant au coup-de-poing de Payré-sur-Vendée (*Fig.* 6), de la fin aussi du *Chelléen*. Ici le talon est très épais, et la pointe effilée, mais probablement cassée. L'épaisseur au talon est de plus de 0m05, tandis qu'au sommet elle ne dépasse pas 0m02. Les éclats sont moins typiques, et les bords n'ont pas une ligne alterne aussi nette que sur la pièce ci-dessus ; mais cela n'est dû qu'à la forme de l'outil, qui se rapproche du type *Poignard*. Il semble que du cortex persiste à la base, au moins sur une face.

3° *Remarques.* — L'intérêt de ces pièces — rares même en Vendée, comme on vient de le voir — réside dans la nature de la roche (*Quartzite*). — Elle nous rappelle les beaux coups-de-poing en roches dures des régions pyrénéennes et les collections du Musée de Toulouse. — Altitude : 150 mètres.

(1) Prêt gracieux de la *Revue de l'Ecole d'Anthropologie de Paris*.

IX. — Station de Tiffauges.

Dans la collection de M. le Dr Mignen (de Montaigu) se trouve une pièce *chelléenne*, dont le diagnostic paraît à peu près certain (nº 776).

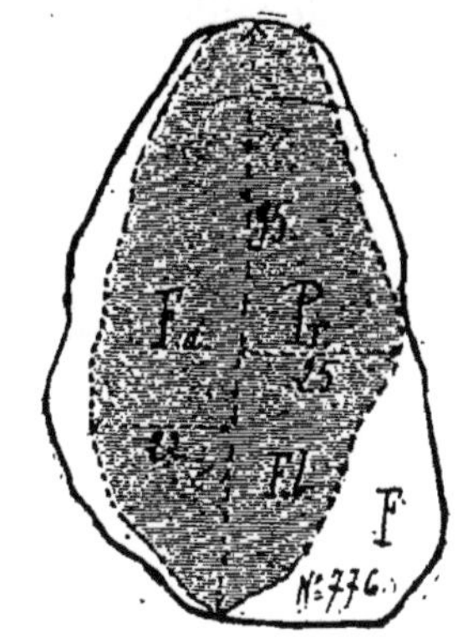

Fig. 17. — Coup-de-Poing Chelléen [Collection Dr G. Mignen]. — Tiffauges. — 1/2 *Grandeur.* — *Légende :* Pr, Profil; — F, une Face; — Fb, face *bombée*; — Fa, face aplatie.

C'est un coup-de-poing, à pointe peut-être cassée, très renflé, presque piriforme, en *silex* jaune clair. Il pèse 190 grammes. Sa longueur est de 0m095 ; sa largeur de 0m060 et sa plus grande épaisseur de 0m047. On voit qu'il est presque aussi épais que large (*Fig.* 17).

Il a été trouvé à Tiffauges, c'est-à-dire sur la rive vendéenne de la Sèvre Nantaise. — Altitude : 80 mètres.

Il est évidemment à rapprocher des pièces précédentes, quoiqu'en silex, et non en quartzite.

X. — Station du Poiré-sur-Velluire.

Découverte. — Mon excellent ami, M. E. Bocquier, a bien voulu me confier pour l'étude la pièce chelléenne, qu'il a citée en 1910, et trouvée au Poiré-de-Velluire. — Je l'en remercie bien cordialement.

« Ce n'est qu'un *fragment* », comme il me l'a écrit lui-même; mais il « estime (et je suis de son avis) qu'il est suffisant pour permettre une détermination ».

Il l'a trouvé, en 1909, en surface, sur des *Alluvions anciennes*, auprès du passage à niveau de la route du Poiré à Auzais (Altitude : 15 mètres).

Roche. — La pièce, qui pèse 57 grammes et représente le sommet d'un coup-de-poing, est en *silex* brun-rougeâtre, comparable à certaines pièces de la Dordogne. Elle est très bien patinée.

Description. — Cette pointe mesure 0m050 de longueur; sa base, correspondant à la ligne de fracture récente, représente un ovale, *non patiné* (1), de 0m050 × 0m027 (*Fig.* 18).

Les deux faces de ce *sommet*, très aminci, de coup-de-poing sont *bombées*; mais l'une l'est plus que l'autre, puisque les flèches sont respectivement de 0m010 et 0m017 (*Fig.* 18; B_1, B_2). Elles sont bien taillées, en effet, à grands éclats, suivant le type *chelléen.*

(1) Donc la fracture est assez récente et non paléolithique.

Mais il existe en outre, sur les *deux bords*, des retouches très fines, qui feraient penser à certaines pièces néolithiques, s'il n'y avait pas la *patine* spéciale du Quaternaire inférieur, et surtout le mode de taille des grands éclats, qui n'a rien de Néolithique.

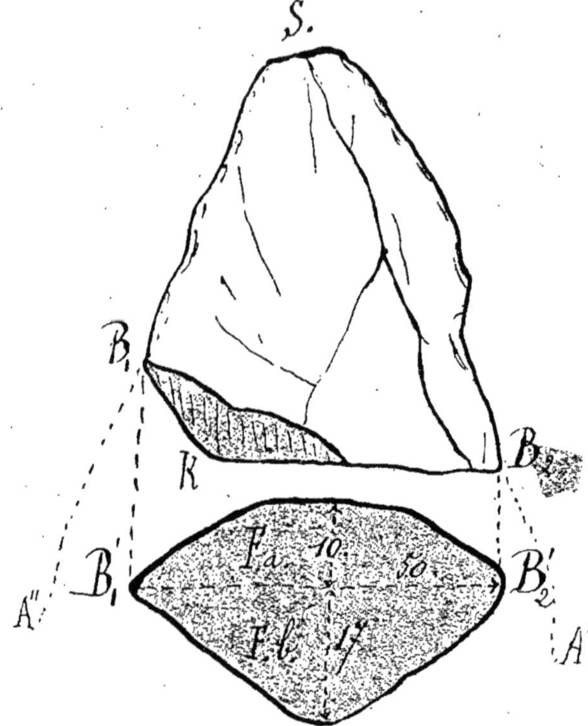

Fig. 18. — Pointe de Coup de-poing chelléen (Poiré-sur-Velluire). [Col. E. Bocquier]. — Grandeur nature. — *Légende* : S, sommet; — B1, B2, base correspondant à la cassure; — B', A'', B2, A1, limites probables de l'autre fragment de la pièce à sa partie inférieure; — B'1, B'2, La *cassure* vue de face, montrant l'épaisseur différente des deux faces de l'instrument; — F.b, face *bombée*; — F. a., face *aplatie*; — K, autre cassure sur un coin.

Il faut en conclure qu'il s'agit, là encore, d'une pièce de la *Fin du Chelléen* (1), en raison de la finesse des retouches, surtout sur l'un des bords.

J'ai *moulé* cette pièce pour ma collection.

XI. — Etude d'Ensemble.

I. Stations vendéennes. — Il résulte des descriptions précédentes qu'il existe, en somme, en Vendée, au moins quatre Stations chelléennes, paraîssant bien établies, et situées sur les hauts plateaux (*Fig.* 25) :

1° La station de *Payré-sur-Vendée*, avec *cinq* pièces typiques. [Altitude : 75 à 90 mètres] [Bocage].

2° La *station des environs de Luçon* [*Deux* pièces], située dans la Plaine [Altitude : 23 mètres].

(1) La pièce entière devait avoir au moins 0^m13 à 0^m14 de long.

3° La station de *Mareuil-sur-le-Lay*, sur le Plateau de Beaulieu [Altitude : 45 mètres]. Au moins *une* pièce [Bocage].

4° La station de *Saint-Cyr-en-Talmondais*. [Altitude : 36 mètres], à laquelle il faut rattacher les trouvailles de *Saint-Denis-du-Payré* (si elles sont réelles), et sur laquelle, malheureusement, *on n'a aucune* donnée précise [Plaine].

5° Il faut y ajouter les stations de *Saint-Laurent-sur-Sèvre* [Altitude 150 mètres]; de *Tiffauges;* de *Saint-Vincent-de-Sterlange*, de *La Bruffière* [*Bocage*].

Il n'est pas douteux que certaines des pièces ici signalées ou décrites pourraient être aussi bien *Acheuléennes* que *Chelléennes*, surtout quelques-unes du *Payré-sur-Vendée* (1). Cependant, pour mettre un peu de clarté dans notre classification absolument provisoire, il m'a paru nécessaire de les séparer nettement de celles qui vont suivre.

II. Caractères. — *a*) *Altitude*. — Si nous récapitulons les trouvailles, nous trouvons, au point de vue de l'*Altitude* :

A. *Plaine* : Poiré-sur-Velluire : 15 mètres. — Luçon : 23 mètres. — Saint-Cyr-en-Talmondais : 36 mètres. — B. *Bocage* · Mareuil-sur-le-Lay : 49 mètres. — Payré-sur-Vendée et région de Foussais : 75 mètres à 90 mètres. — Tiffauges : 80 mètres. — La Bruffière : 87 mètres. — Saint-Laurent-sur-Sèvre : 150 mètres.

On voit qu'en somme on trouve du Chelléen depuis les hauts sommets [*Bocage*] de la Vendée, qui dominent les lits des rivières (Saint-Laurent, sur la *Sèvre-Nantaise*), jusqu'au bord de l'ancien rivage post-Néolithique [*Plaine* : Bord du Marais du Sud ; Poiré-sur-Velluire] (*Fig.* 25).

Il semble résulter de ces constatations qu'à l'Epoque Chelléenne toute la Vendée *actuelle* était *émergée*; et même qu'une bonne partie de la Vendée *littorale chelléenne* est aujourd'hui *immergée*, comme nous l'avons dit aurefois.

b) *Roches*. — A l'époque chelléenne, pour la fabrification des outils, on a utilisé diverses roches (2) ; mais, en somme, le silex domine.

Quartzite : Saint-Laurent-sur-Sèvre (2 pièces). — *Quartz de Filon* : Saint-Cyr-en-Talmondais (1 pièce). — *Jaspe* : Saint-Cyr-en-Talmondais (1 pièce). — *Silex vrai* : La Bruffière ; Payré-sur-Vendée, etc. — *Calcaire siliceux* : Mareuil-sur-le-Lay.

(1) Mais on remarquera que l'Altitude [75 à 90 mètres] plaide plutôt pour le *Chelléen*.

(2) Marcel Baudouin. — [*Instruments paléolithiques vendéens en roches éruptives*]. — *Bull. Soc. Préh. Franç.*, 1904. — *Congrès Préh. de France*, Périgueux, 1905. Paris, in-8°, 1906 [p. 221].

c) *Forme des Outils.* — Nous trouvons toutes les formes d'outils dans cette région.

Nous avons d'abord l'énorme *Coup-de-poing* de Mareuil, en forme de casse-tête, massif et trapu, peut-être *Pré-Chelléen;* puis vient le type *Poignard*, de La Bruffière et de Payré-sur-Vendée. Enfin, les formes plus petites, plus arrondies et mieux travaillées, des sources de la Vendée, de Saint-Laurent-sur-Sèvre, etc.

Mais il est impossible d'en tirer des indications quelconques au point de vue « Epoque ».

II. — Acheuléen.

Pour la *Période Acheuléenne*, j'ai vu, comme Outils :

1° De la collection H. Gélin (Niort), un très intéressant *Coup-de-poing*, aplati.

2° Dans la collection Rousseau (Simon-la-Vineuse, Vendée), un *Coup-de-poing*, un peu particulier, de Tiffauges, et une *lame* utilisée.

3° Dans la collection F. Mandin, trois *Amandes*, qu'on considère d'ordinaire comme des Coups-de-poing.

4° Dans la collection Rousseau, un beau *Coup-de-poing* de Simon-la-Vineuse.

5° D'autre part, je possède les deux dents d'*Elephas primigenius*, que je rattache à cette période, et que j'ai précédemment décrites.

Les 6 pièces des deux collections F. Mandin et Rousseau sont très belles et indiscutables comme époque. — Un des coups-de-poing (le n° I, coll. Gélin) pourrait être classé à la fin de l'Epoque chelléenne ; mais je ne crois pas du tout à cette manière de voir.

I. — Station du Chateau-d'Olonne.

[*Sur le bord de l'Océan*].

Coup-de-poing roulé par les flots de la mer. — Le coup-de-poing, dit du Château-d'Olonne, se trouve actuellement dans la collection de M. H. Gélin (de Niort), naturaliste fort distingué (*Fig.* 19).

Ce savant a bien voulu m'autoriser à faire faire un moulage de ce rarissime spécimen; je l'en remercie très vivement (1).

A. Localité. — Cette pièce, des plus curieuses, a été trouvée en 1908, non pas sur la plage même, c'est-à-dire sur le littoral de l'Océan atlantique, c'est-à-dire *en place*, mais « dans l'*empierrement*, tout récent, du nouveau chemin allant des Sables-d'Olonne aux

(1) Marcel Baudouin. — [*Coup-de-poing acheuléen roulé par l'Océan atlantique*]. — *Bull. Soc. Préh. France*, Paris, V, 1908 [Voir p. 427].

rochers du Puy d'Enfer, empierrement fait de *galets* pris sur la côte voisine » (1).

Mais, quoiqu'il en soit, il est certain qu'elle provient de la dite plage océanique, au lieu dit le *Puits d'Enfer* (2), commune du

Fig. 19. — COUP-DE-POING ACHEULÉEN, *roulé par les flots* de l'Océan, découvert au *Puits d'Enfer*, commune du CHATEAU-D'OLONNE (Vendée). — Phot. par le Dr Henri Martin de la pièce même [Coll. Gélin]. — Vue d'une des faces (*Face aplatie*, Fp.). — *Echelle* : 9/10.

Château-d'Olonne, à quelque distance, par conséquent, du côté de l'Est, des Sables-d'Olonne. — Altitude : 0m (Océan).

(1) Lettre inédite de M. H. Gélin, datée du 29 décembre 1908.

(2) Le *Puits d'Enfer* (*orthographe locale*), qui se trouve à quelques kilomètres au Sud-est des Sables-d'Olonne, un peu plus loin que *La Pironnière*, est une

B. Aspect et Forme. — *a*) *Poids*. — Le *Poids* de la pièce est de 505 grammes. Le *volume*, mesuré par le procédé classique (déplacement de l'eau) est d'environ 140 cmc. — Par suite, la densité de la roche serait de 3,60 (1).....

b) *Roche*. — La *roche*, qui constitue la pièce, paraît avoir *deux*

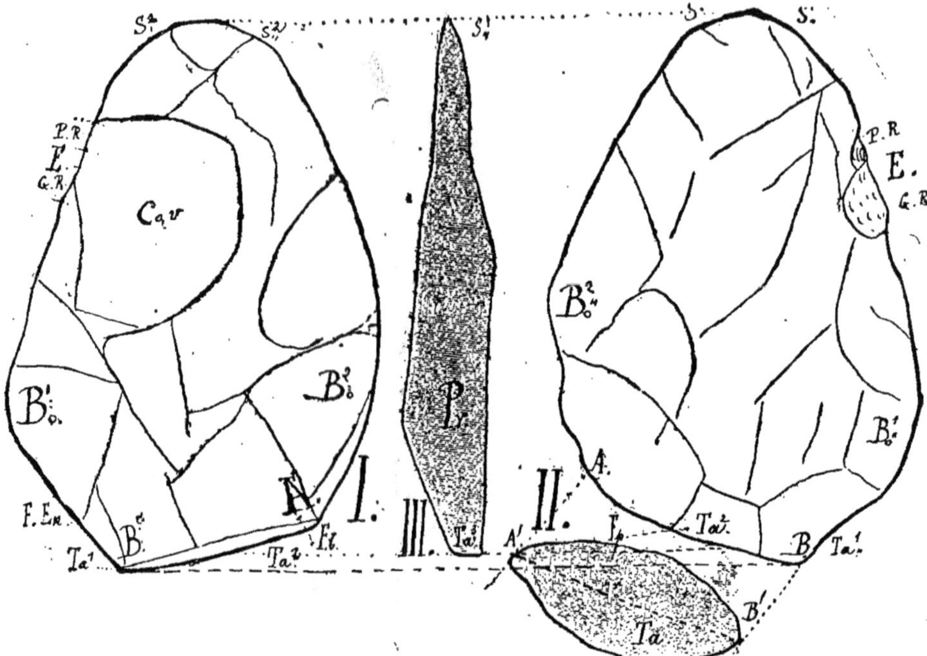

Fig. 20. — Schéma des deux Faces du Coup-de-poing Acheuléen du *Château-d'Olonne*. — *Échelle*: 1/2 Grandeur. — *Légende*: I, Face un peu *bombée* (Fb). — II, Face *aplatie* (Fp.). — III, Profil théorique [Coupe verticale centrale]. — Bo¹, Bord *courbe*; — Bo², Bord *droit*; — E. Encoche; — PR, petit éclat; — G. R, grand éclat; — F. En., Fausse encoche; — Ta, Talon; — S1, S2, S3, Pointe; — A, B, Limites du Talon (Ta 1-2).

patines, dont l'une est très brune. — C'est un *Quartzite* à grains très fins, plutôt que du silex: fait très important.

c) *Description*. — C'est un *coup-de-poing aplati*, à talon de même

falaise assez *élevée* au-dessus des basses mers (5 à 6 mètres au moins), constituant un pittoresque but de promenade. — La falaise est formée en ce point par des roches très résistantes, qui, géologiquement, sont des *gneiss granulitiques* [*Carte géologique*, Feuille des Sables-d'Olonne].

Elle présente là une fente, de 1m50 environ de large, en forme d'*entaille*, dirigée perpendiculairement au rivage, et longue de 7 à 8 mètres. Les vagues de tempête, à mer haute surtout, s'engouffrent dans ce couloir aux parois à pic et y forment une sorte de *Jet d'Eau* [Voir: Gaurichon. *Bull. Soc. Préh. Franç.*, 1912, n° 12, p. 762].

(1) La densité du *Silex* ordinaire est, on le sait, de 2,2 seulement; et celle du *quartz de filon* de 2,50 à 2,65. — La roche est donc bien, comme nous le disons plus loin, un *Quartzite*; d'ailleurs elle ne ressemble pas à du *petrosilex* (D = 2,83).

épaisseur ou presque que le centre de l'outil ovalaire, mais à base quadrangulaire. Sa taille à très grands éclats est caractéristique de l'*Acheuléen du début* ou *Acheuléen I*.

Les *dimensions* maximum sont les suivantes : Longueur, $0^{m}135$. Largeur, $0^{m}105$. Epaisseur moyenne, $0^{m}022$. — *L'Indice de largeur* est de 77.» et *l'Indice d'épaisseur* de 15,71.

1° Les deux *faces*, bien entendu, sont *taillées à grands éclats* (*Fig.* 20) ; mais l'une est *plate* ou presque (*Fig.* 19) ; et l'autre un peu *bombée* (*Fig.* 20 ; I). Le bombement ne dépasse pas d'ailleurs $0^{m}005$.

2° Les deux *bords* diffèrent aussi. L'un (*Fig.* 21 ; B^1) est taillé, de façon à présenter une *ligne sinueuse* très marquée, faite à grands éclats, profonds et étalés. Il est beaucoup plus *courbe* que l'autre (B^2). Son *Indice de courbure* est *double* (1).

L'autre (*Fig.* 21 ; B^2) semble simplement *retouché*, comme s'il avait été préparé seulement pour être saisi en mains ; il est presque *droit* : ce qui semble bien indiquer que c'est lui qui correspondait à la *paume de la main*, quand on voulait agir avec l'*autre* (pour couper, scier ou racler), et non la pointe.

En divers points, la pièce a subi des *cassures*, récentes : ce qui permet de reconnaître la roche constituante. Par places, la patine ancienne, sous une influence mal connue, est tombée comme par *écaillement* (peut-être cela tient-il au séjour dans la mer ?).

3° Le sommet paraît *cassé* ; mais la fracture est patinée et par suite très ancienne.

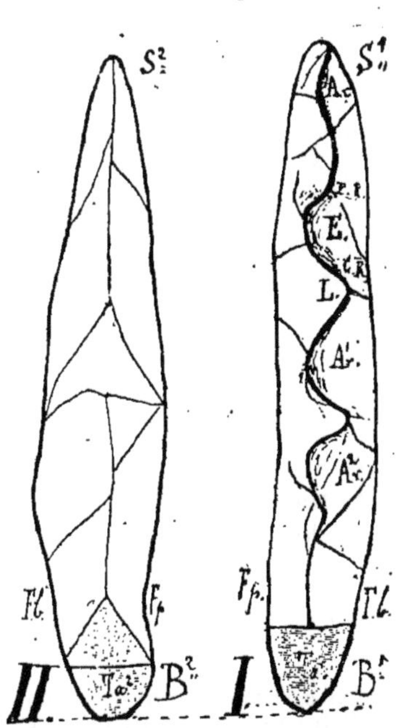

Fig. 21. — Schémas des DEUX BORDS du COUP-DE-POING ACHEULÉEN du *Château-d'Olonne*. — *Echelle* : 1/2 Grandeur. — *Légende* : I, Bord *droit*, à ligne *alterne* très nette, avec Cavités d'éclatement très marquées, Ar¹, Ar², Ac. — Même légende que ci-dessus pour les autres lettres.

4° Sur le bord à ligne sinueuse, à l'union du *tiers* supérieur avec les 2/3 inférieurs se trouve une ENCOCHE, très nette, formée par un

(1) En effet, le premier donne : $40 \times 100 : 140 = 28,57$; le second : $20 \times 100 : 140 = 14,28$.

grand éclat (1) en bas et un petit en haut (*Fig*. 21 ; I, E) (2). Elle mesure 0m030 de haut pour une profondeur de 0m005 maximum environ (3).

A la partie inférieure de cette ligne, il y a une autre concavité peu marquée; mais ce n'est qu'une *fausse-encoche* (*Fig*. 20; F. En.).

5° Le *talon* (*Fig*. 21; Ta), est très épais; il a 0m027 pour une largeur de 0m060. Son indice est donc de 45. Chiffre au-dessous de 50 : ce qni montre bien qu'on a affaire à une pièce *acheuléenne* [*Amincissement* notable du talon] (4).

C. Usure par l'Océan. — Le point, qu'il faut surtout, pour cette pièce, mettre en relief, c'est qu'elle a été *roulée par les flots de l'Océan* un temps assez long, car toutes les arêtes des éclats de taille, les deux bords, et le talon lui-même, ont été *usés* et *polis* : fait qu'on n'observe pas d'ordinaire, même pour les pièces acheuléennes trouvées dans les ballastières des bords des fleuves. Certes quelques coups-de-poing ont été arrondis, parce qu'ils ont été brassés un certain temps par les eaux d'un fleuve (5). Mais les arêtes des éclats et des bords sont alors à peine usés; et il n'y a qu'un polissage restreint, à l'encontre de ce qu'on constate ici.

La pièce a été saisie par la mer sur une *terre* aujourd'hui effondrée et *sous les eaux*, et située à une distance assez grande du rivage moderne. En effet, elle ne provient sans doute pas de la falaise actuelle, puisqu'on n'a pas trouvé encore dans la contrée de ces pièces acheuléennes, même isolées ! — Elle vient donc à l'appui de ma théorie de la disparition des rivages vendéens de l'Epoque paléolithique inférieure sous l'influence de l'*Affaissement des Côtes* ou d'autres causes (Transgression marine, etc.), très au large du rivage actuel.

(1) Les éclats atteignent 0m025 au carré (chiffre considérable).

(2) Notre ami, M. P. de Givenchy, vient d'étudier ces *Encoches* des Coups-de-poing Acheuléens, qui avaient attiré notre attention depuis plusieurs années [*Homme préhist.*, Paris, 1912].

Je possède, en outre, un coup-de-poing, en *limande*, de l'Oise, qui présente lui aussi deux Encoches analogues en des points différents : l'une près du sommet; l'autre près de la base. La seconde encoche a 0m030 × 0m005 ; celle du du sommet est plus petite.

D'autre part, plusieurs pièces acheuléennes de la Charente [Ballastière de Mainxe] présentent des Encoches analogues.

(3) C'est plus tôt un *Coup-de-poing — racloir* qu'un Poignard. — L'*Encoche* plaide d'ailleurs dans ce sens.

(4) Ce coup-de-poing, par sa forme, se rapproche des *Coups-de-poing cordiformes*, dits de la *fin* de l'*Acheuléen* [Dr Baudon : Ve Epoque]. — Mais il est beaucoup plus fruste et taillé à très grands éclats : ce qui nous oblige à le placer au *début* de l'Acheuléen, à côté des *Limandes* classiques.

(5) Par exemple, la pièce de l'Oise de ma Collection, qui m'a été donnée par mon excellent ami, M. le Dr Lamotte (de Beauvais).

D. Remarques. — Mon ami, M. Gaurichon (de Tours), aurait trouvé, en 1911, assez loin du *Puits-d'Enfer*, au *Cayola*, également situé sur le bord de la mer jadis, dans la commune de Saint-Hilaire-de-Talmont, des *pièces acheuléennes*. Mais la description qu'il a publiée récemment (1) de cette station montre qu'il ne doit guère s'agir que de *Néolithique*. — Cette station néolithique du Cayola est d'ailleurs connue depuis longtemps. Elle m'a été signalée jadis par mon ami, M. Amédée Odin, ancien pharmacien aux Sables-d'Olonne; et, récemment, elle a été explorée aussi par mes amis E. Bocquier et Waitzen-Necker, qui doivent sous peu la décrire à nouveau.

II. — Station de Tiffauges.

1° Amande de Tiffauges. — Il faut, je crois, rapprocher de la pièce précédente, au moins au point de vue de la *roche*, sinon de la taille, une pièce, irrégulière, récoltée par M. Ph. Rousseau, instituteur à Simon-la-Vineuse, dans le voisinage de Tiffauges, où nous avons déjà signalé du Chelléen (Collection du Dr Mignen) (*Fig.* 22).

a) *Localité.* — L'objet a été trouvé sous une vieille maison, c'est-à-dire *dans le sol même* du bourg, à Tiffauges, non loin de la Sèvre-Nantaise, c'est-à-dire à 80 mètres d'*altitude.*

b) *Roche.* — La roche est un silex *blanc*, bien patiné sur la face qui est bombée et intacte, mais un peu rosée sur l'autre face, cassée et peu patinée.

c) *Description.* — Il s'agit d'une *Amande ovalaire*, dont la pointe est cassée et dont une face a éclaté d'une façon curieuse (*Fig.* 22; I et II). — Le *Poids* est de 211 grammes.

d) *Dimensions.* — Les *dimensions* sont les suivantes : *Longueur* maximum, 0m115; *largeur* maximum, 0m082; *épaisseur* maximum, 0m023.

2° *Faces.* — 1° La *face bombée* est intacte et très typique. Elle est épaisse de 0m015. La partie la plus saillante (R) se trouve à *son centre* et non à sa base. Elle est taillée à *grands éclats*, formant quatre points principaux; mais la ligne de faîte antéro-postérieure est reportée à droite, de façon à donner une partie ou flanc moins large à droite (M), qui présente encore un peu d'écorce (Ec.) (2). On n'y voit presque pas de retouches fines sur les bords.

2° La *face aplatie* n'est pas intacte. Elle présente une grande concavité, qui résulte de l'enlèvement de quatre éclats (C^1 à C^4), qui ont fait disparaître une notable partie de la roche, en laissant des sortes

(1) Gaurichon. — *Bull. Soc. Préh. Franç.*, 1912, n° 12, p. 762.

(2) Contrairement à ce qui se voit d'ordinaire sur les coups-de-poing moustériens.

de cuvettes, qui sont tangentes et profondes de près de $0^{m}010$. En haut et en bas seulement, on reconnaît des parties intactes de la face (F. p.) primitive, car elles sont patinées de la même façon que l'autre face bombée. Au contraire, au niveau des éclats, le silex n'est pas patiné ou très peu.

3° *Bords et Sommet.* — *a*) Le *sommet* de la pièce a été cassé jadis (S), car la *cassure* (KK') est patinée ; celle-ci empiète un peu sur la face bombée.

b) Le bord *droit* (B^2) présente, surtout du côté de la base (p^1, p^2, p^3), des points où il y a des ***étoilures de percussion***, indiscutables. — L'outil a donc servi, en cette partie, comme PERCUTEUR, aussi bien au milieu qu'à la base.

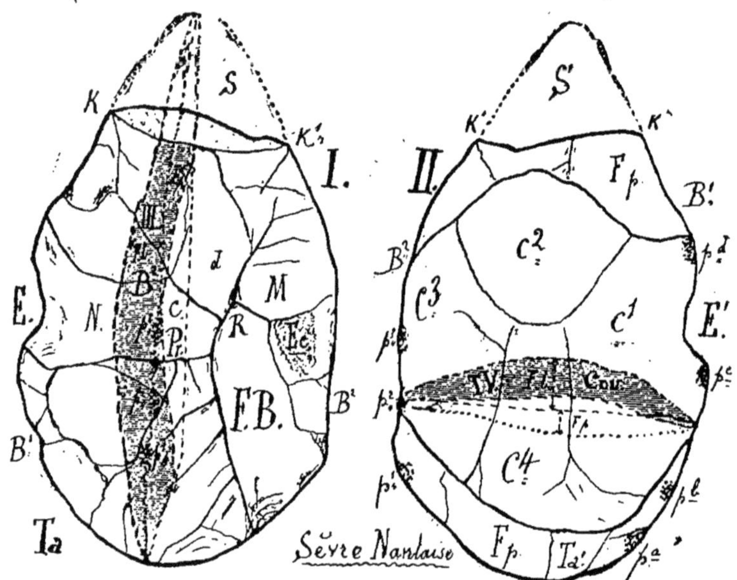

Fig. 22. — AMANDE ACHEULÉENNE de TIFFAUGES [Collect. Ph. Rousseau]. — *Echelle* : 1/2 Grand. Nat. — *Légende* : I, Face bombée (F. B.). — II, Face plate (F. P.). — III, Profil (Pr.). — IV, *Coupe* (Cou.) près de la base. — C^1-C^4, Cavités en Cuvettes (éclatements du silex); — R, point le plus saillant de F. B ; — S., sommet ou pointe ; — K, K', Cassure ; — Ta, Talon.

c) Le *bord gauche* présente aussi des *points à étoilures de percussion* (p^a à p^d). Entre deux d'entre eux (p^c-p^d) se trouve une *Encoche* (E, E').

4° *Encoche.* — Cette Encoche est analogue à celle qu'on trouve souvent sur les Amandes acheuléennes. Elle mesure : Longueur, $0^{m}015$; profondeur, $0^{m}005$. Elle correspond à la concavité (C^1) de la face *plate* et à peu près ***au milieu du bord.***

Il semble résulter de cette pièce que ces Encoches ne sont que le résultat d'une *Percussion*, plus violente en ces points que sur les autres parties du bord correspondant, et qu'ici ce serait cette percussion, qui aurait fait sauter la plus grande partie de la face plate! — Cette donnée est très intéressante; mais elle n'est pas suffisante, à elle seule, pour permettre d'établir une théorie, expliquant toutes les *Encoches* relevées sur les silex de cette époque. — Elle n'en est pas moins à retenir [Voir le Mémoire de M. P. de Givenchy sur cette question intéressante].

Classification. — Intacte, cette pièce devait être une Amande de l'Acheuléen primitif ou ancien, plus récente et plus évoluée toutefois que la pièce précédemment décrite.

2° Lame utilisée. — La collection Ph. Rousseau (de Simon-la-Vineuse) renferme aussi un éclat, ayant l'aspect des éclats Levallois, qui est une *lame utilisée*. En raison de sa forme, sinon de la nature de la roche, on pourrait très bien la classer dans le Moustérien, et non pas dans l'Acheuléen. — Mais je la décris ici, parce qu'il y a de l'*Acheuléen* à Tiffauges et que la roche n'est pas un silex.

a) *Localité.* — La pièce a été trouvée à Tiffauges, auprès d'un pointement rocheux en granite granulitique ($\gamma\gamma^1$), à l'altitude d'environ 80 mètres.

b) *Roche.* — La roche n'est pas un silex, mais un *Quartzite*, de coloration rosée, à grains très fins, simulant le silex.

c) *Description.* — Cet éclat, ressemblant à une pointe, n'a pas de retouches voulues. — *Poids* : 140 grammes.

La face d'éclatement plane, *sans bulbe de percussion* (caractère qui la différencie du Moustérien), est patinée en blanc sur presque toute son étendue; mais cette patine est peu épaisse.

La face opposée, au lieu d'avoir sa partie la plus épaisse à la base (caractère du Moustérien) a son point *le plus bombé au centre* même, comme les Amandes de l'Acheuléen. Elle n'a pas la moindre patine. Elle a une arête médiane marquée, la partie droite étant divisée par une arête secondaire. Les bords n'ont aucune retouche voulue.

d) *Nature.* — Il s'agit d'une *lame*, obtenue par éclatement, qui a été utilisée comme *Couteau* ou *Grattoir*, car elle présente de petits éclats d'utilisation sur toute son étendue.

III. — Station de Mareuil-sur-le-Lay.

1° Coup-de-Poing n° 1 [*Mareuil-sur-le-Lay*]. — D'après le schéma de M. F. Mandin (*Fig.* 23; I), il s'agit d'un coup-de-poing presque cordiforme, du *poids* de 250 grammes, récolté à Mareuil même.

Le *silex* est de couleur jaune un peu foncé, presque du silex jaune cire; mais il ne s'agit pas de silex du Grand Pressigny. Le profil est peu épais et les bords sont tranchants. Les deux faces sont également bombées; la pointe est fine.

Les *dimensions* sont les suivantes : Longueur, $0^{m}115$. Largeur, $0^{m}075$. Epaisseur : au sommet, $0^{m}002$; à la base, $0^{m}020$; au centre, $0^{m}025$ seulement. — *Indice de Largeur* : 65,21.

2° Coup-de-Poing n° 2 [*Mareuil-sur-le-Lay* : *La Brédurière* (1)]. — Silex d'un blanc sale. *Poids* : 310 grammes. Les deux faces sont nettement bombées; et les bords sont très bien taillés et très tranchants. Très belle pièce, qu'avec la précédente on doit placer vers la *fin de l'Acheuléen.* Pointe fine. Dimensions : Longueur, $0^{m}118$; largeur, $0^{m}080$; épaisseur au milieu, $0^{m}025$; au sommet, $0^{m}002$ (deux millim.); à la base, $0^{m}020$ (*Fig.* 23; II). — *Indice de Largeur* : 67. »

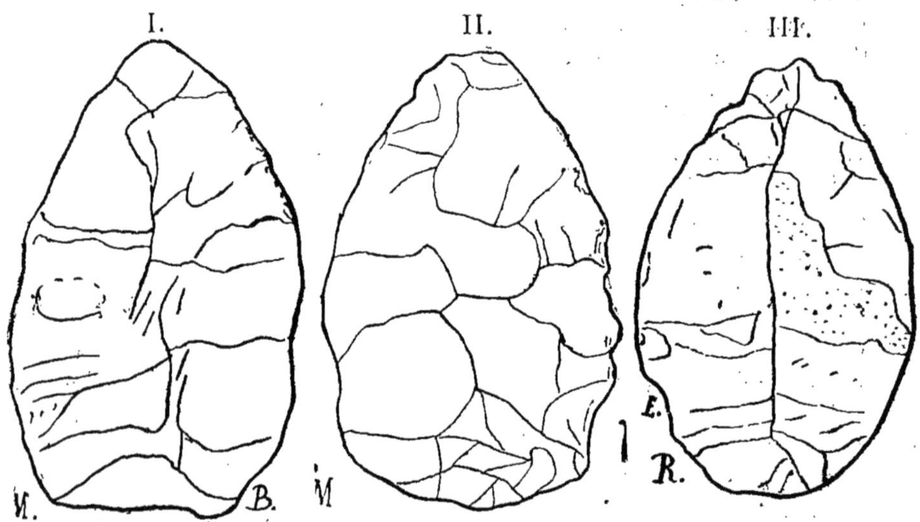

Fig. 23. — Coups-de-Poing Acheuléens. [Coll. F. Mandin]. — *Echelle* : 1/2 Grandeur. — Dessins de M. F. Mandin. — *Légende* : I, Mareuil-sur-le-Lay [Près du Bourg], M. — II, Mareuil-sur-le-Lay [*La Brédurière*], M. — III, Rosnay [*Le Retail*], R. — E, *Encoche*.

3° Coup-de-Poing n° 3 [*Rosnay, Le Retail*] (2). — Ce coup est tout à fait comparable aux précédents; mais il est plus beau encore

(1) *La Bédurière* est une ferme de Mareuil-sur-le-Lay, située en arrière du Camp de l'Ouche du Fort, dans l'angle formé par le Lay et son affluent, le Maillet. — Elle est à 46 mètres d'altitude [C'est un point trigonométrique]. — La trouvaille a donc été faite au haut du plateau, et non dans le Camp, au niveau des schistes primaires.

(2) Rosnay est à l'ouest de Mareuil, sur la rive opposée du Lay. — Le *Retail* est une ferme du haut plateau, située à l'altitude de 65 mètres, sur les schistes granulitisés; mais il y a une bande d'Alluvions anciennes (a^1), non loin de là, un peu au sud, du côté du Lay.

que les deux autres. Les deux faces sont également bombées et les bords bien tranchants, dans toute leur étendue. On distingue une sorte d'ENCOCHE (*Fig.* 23; III, E), à la base, sur l'un des bords. — *Poids* : 220 grammes. — *Dimensions* : Longueur, 0m110. Largeur, 0m070. Epaisseur, 0m020 au centre (1). — *Indice de Largeur* : 63,63 (2). — Une partie présenterait un reste de cortex. — Taille très fine et très belles retouches. — Analogie avec les coups-de-poing du type Montguillain, *plus plats* encore.

4° *Résumé*. — Ces trois pièces, dites *Coups-de-poing* [mais ce sont en réalité des *Outils*], tout à fait comparables, presque superposables (3) qui sont de la même époque [*Acheuléen IV* du Dr Baudon], du type en « Amande », mais *plus aplaties*, et presque *cordiformes*, prouvent que la région de Mareuil-sur-le-Lay (ancienne embouchure du Fleuve Lay) a constitué une *Station de la Fin de l'Acheuléen II* classique, très bien caractérisée par ces trois seules trouvailles.

IV. — STATION DE SIMON-LA-VINEUSE.

Cette station a fourni à M. Ph. Rousseau, instituteur, une pièce superbe, qui vient, en somme, par son voisinage avec celles de Mareuil, compléter la grande et sans doute importante *Station Acheuléenne* du Confluent du Lay et de la Smagne, sur laquelle se sont établis, plus tard, d'abord les *Moustériens*, puis les Néolithiques (au *Camp de Ouche-du-Fort*).

Ce coup-de-poing provient des bords même du *Lay* et se rapproche des instruments de la Collection F. Mandin.

Nous allons décrire avec soin ce spécimen superbe du Paléolithique *inférieur* de Vendée.

COUP-DE-POING DES BORDS DU LAY. — On pourra juger de l'intérêt de cette pièce, en examinant la *Figure* 24 et en la rapprochant des pièces représentées plus haut (*Fig.* 23).

a) *Localité*. — Ce silex, taillé d'abord à grands éclats, puis à belles petites retouches, a été recueilli par M. Rousseau dans un

(1) *Indice d'épaisseur* : 18,18.

(2) Les Indices ne varient que de quelques points [63 à 67].

(3) Notre ami, M. le Dr Baudon (de l'Oise), classe les Coups-de-poing *acheuléens, triangulaires* et *aplatis*, du *Type Montguillain*, dans l'*Acheuléen IV*, c'est-à-dire à la 4e Epoque de l'Acheuléen, avec les coups-de-poing nettement *cordiformes*. — Deux autres pièces de la Collection Mandin sont aussi, si mes souvenirs sont exacts, du type Montguillain. [Face antérieure bombée et bords très bien retouchés]; mais elles sont originaires de la *Creuse*, et non pas de la Vendée. C'est pour cela que je n'en parle pas ici.

champ de la commune de Simon-la-Vineuse, près du Lay, qui passe au Nord de la commune. — En ce point, d'après la Carte d'État-major, l'altitude maximum est d'environ 85 mètres; mais le Lay ne coule qu'à 15 mètres.

b) *Roche.* — La roche est un *Silex blanc-rosé* (1), analogue au silex des environs de Paris, présentant des taches *noirâtres*, grandes comme une pièce de un franc. La face bombée de l'Amande acheuléenne est de coloration presque rosée; et c'est sous une patine légère qu'on aperçoit du côté droit les parties noires. La face aplatie est, au contraire, patinée en *blanc*, le silex étant un peu *cacholonné*. Quelques taches de rouille en divers points (*Fig* 24; II; f f', etc.).

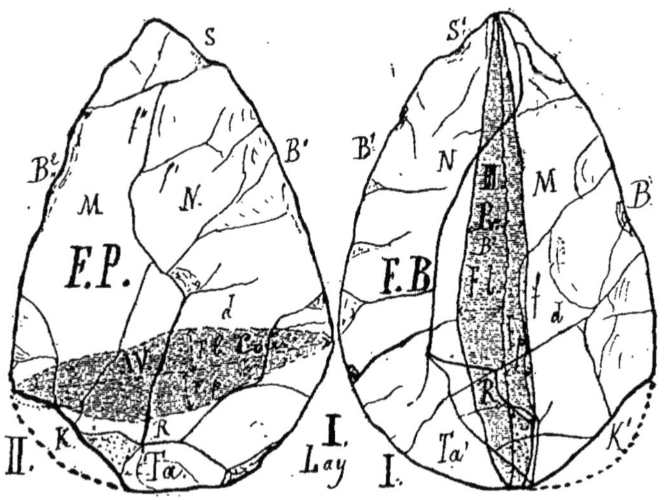

Fig. 24. — PIÈCE ACHEULÉENNE de la Collection Rousseau (Simon-la-Vineuse, V.). — *Echelle* : 1/2 Grandeur. — SIMON-LA-VINEUSE (Bord du fleuve *Lay*). — *Légende* : I, Face *bombée* ; — II, Face *aplatie* ; — III, Profil ; — IV, Coupe (*Cou*) de l'outil près de la base ; — Ta, Ta', Talon ; — K, K', Partie de la base cassée ; — F. p., épaisseur de la face plate (F. P.), sur le Profil (*Pr*) et la Coupe (Cou.) ; — F. b, épaisseur de la face bombée (F. B.) ; — S, S¹, Pointe de l'*Amande* ; — R, ligne de faîte ; — M, M, les deux *flancs* de la pièce ; — B¹, B², bords ; — f, f', f'', limites des éclats ; — *d*, éclats.

e) *Description.* — La forme est celle d'une lame triangulaire, à base arrondie et très peu épaisse.

1° *Dimensions.* — Le *Poids* est de 217 grammes. — Les dimensions sont les suivantes : *Longueur* maximum, 0m120. *Largeur* maximum, 0m083. *Epaisseur* maximum, 0m016 — *Indice de Largeur* : 70. ».

2° *Faces.* — *a*) La face bombée, taillée d'abord à grands éclats, a été ensuite *retouchée* très finement, sur ses bords (*Fig.* 24 ; I).

(1) Le terrain liasique (l^4) est tout proche, d'ailleurs.

Cette *face bombée* a une épaisseur de 0^m009 ; mais l'autre n'a que 0^m007. Ce qui veut dire qu'elles sont presque symétriques, et à peine plus saillantes l'une que l'autre.

Elle se divise en deux moitiés gauche (*Fig.* 24 ; N à droite ; M à gauche), inégales ; mais la ligne de faîte n'est pas aussi marquée ici que dans les pièces chelléennes, vu l'aplatissement de l'outil.

b) La *face aplatie* à patine blanche, très différente de l'autre, a été seulement taillée à grands éclats minces. On n'y voit pas de retouches (*Fig.* 24 ; II).

c) Une partie du *talon*, sur la face aplatie, a gardé un peu du cortex ; et, d'ailleurs l'outil a été cassé autrefois en ce point (Cassure patinée : K, K').

V. — Etude d'Ensemble.

Il résulte des faits précédents qu'en somme nous connaissons, actuellement, pour la Vendée, au moins, trois indiscutables stations pour l'*Acheuléen.*

I. Stations. — 1° Celle des bords de l'Océan ; dans la région de *Talmont* ou du Château d'*Olonne*, correspondant à l'ancienne embouchure du *Kanentelos* (*Sèvre-Niortaise*) [*Plaine*].

2° Celle de *Tiffauges* ; sur la Sèvre-Nantaise [*Bocage*].

3°-4° Celle de l'*Embouchure ancienne du Lay* et de son Confluent avec la Smagne, qui a fourni quatre pièces, permettant de la placer à la *fin de l'Acheuléen* [Acheuléen II de Rutot ou IV du Dr Baudon]. — Celle-ci se relie d'ailleurs à celle de *Saint-Cyr-en-Talmondais*, sur laquelle nous n'avons pas de documents précis. — A ce moment *Le Lay* n'était d'ailleurs qu'un affluent du *Kanentelos* des Romains (Sèvre-Niortaise), comme *La Vendée.*

5° Si nous nous souvenons qu'à *Payré-sur-Vendée* il semble y avoir des pièces du *début de l'Acheuléen*, nous voyons que nous pouvons relier facilement entre elles toutes ces stations et les considérer comme formant jadis un vaste ensemble, situé sur les bords même et la rive Nord du grand fleuve, dont la Sèvre-Niortaise, le Golfe du Poitou et la Fosse de Cheravache du Pertuis Breton, ne sont plus que des restes.

II. Caractères. — Nous résumons de la façon suivante les principaux caractères de l'Acheuléen de Vendée.

1° *Altitude* : *Puits d'Enfer*, 0^m (Océan Atlantique). — *Mareuil-sur-le-Lay*, 46 mètres. — *Rosnay*, 65 mètres. — *Simon-la-Vineuse* (Lay), 15 m. 85. — *Tiffauges*, 80 mètres.

Comme on le voit, altitudes analogues à celles du Chelléen

[*Bocage*]; par conséquent, le régime des eaux fluviales et maritimes a peu changé du Chelléen à l'Acheuléen.

2° *Roches*. — On a noté : *a*) *Quartzite brun* : Puits d'Enfer (Château-d'Olonne). — *b*) *Silex* : Mareuil sur-le-Lay; Simon-la-Vineuse; Rosnay. — Donc ici encore le *Silex* domine.

3° *Types d'Outils*. — Formes principales et Epoques. — *a*). *Acheuléen ancien* : *Gros Coup-de-poing* (Puits d'Enfer). Amande de Tiffauges. — *b*) *Acheuléen moyen supérieur* : *Amandes*, très aplaties, de Rosnay, Mareuil-sur-le-Lay, et Simon-la-Vineuse. (Types classiques).

4° *Etude des Types classiques*. — *a*) *Poids* : 220 gr. (Rosnay). — 250 gr. et 310 gr. (Mareuil-sur-le-Lay).

Le poids varie donc de peu (de 100 gr. environ); il est de 200 à 300 gr.

b) *Indice de Largeur* : 63,63 (Rosnay); 65,21 et 67,» (Mareuil); 70,» (Simon-la-Vineuse).

Les types étudiés ont donc, de par leurs indices de largeur, qui va de 63,» à 80,» au moins, un caractère à part. Ils représentent des formes spéciales de transition, tout à fait marquées.

c) *Encoches*. — Les outils de l'Époque acheuléenne, que nous venons de décrire, malgré leurs différentes formes, ont, tous un air de parenté indiscutable.

Beaucoup d'entr'eux présentent, sur un de leurs bords, l'*Encoche* caractéristique, étudiée récemment par M. P. de Givenchy.

C'est ainsi que nous la rencontrons sur la pièce du Puits d'Enfer [*Acheuléen I*]; que nous la trouvons encore sur la pièces de Tiffauges (*Acheuléen II*) et sur celles des environs de Mareuil-sur-le-Lay, c'est-à-dire de Rosnay (*Acheuléen III* ou *IV*).

On ne la voit, pas, d'ailleurs, sur les pièces Chelléennes décrites plus haut.

Son existence me paraît d'ailleurs sinon voulue, du moins en rapport avec le mode d'emploi du Coup-de-poing acheuléen comme Percuteur [emploi qui est *certain* : *Etoilures*]. — Mais, qui a pu songer à percuter ainsi avec un outil à bords aigus a dû, *a fortiori*, penser à racler avec un instrument aussi bien disposé pour gratter. L'Encoche peut donc être aussi l'indication de l'emploi de l'outil comme *Racloir* !

§ IV. — Considérations générales.

I. Remarques. — Je m'excuse, en terminant, d'avoir tant insisté sur les quelques pièces que je signale. On paraît croire, dans certains milieux, que des descriptions, aussi détaillées et aussi méticuleuses, n'ont vraiment pas d'intérêt général, et ne sont dignes de figurer que dans des *Revues* d'Histoire ou de Préhistoire *locale...*

Il n'en est rien. D'abord, quitte à encombrer la littérature, il vaut mieux le faire, en décrivant à fond tout ce qui a été recueilli que de se livrer exclusivement à des considérations philosophiques, toujours un peu sujettes à caution, car l'*Observation* seule, avec l'Expérimentation, est à la base de la Science.

Mais, quand, comme dans l'espèce, il s'agit de Régions *très particulières* et *totalement* inconnues, il est de toute utilité de connaître, très exactement, les rares Objets qu'on y a découverts et surtout de pouvoir *contrôler les trouvailles* : d'où la profusion de nos photographies et de nos schémas. — Et ces documents, ainsi disséqués, ouvrent à leur tour des horizons nouveaux qu'aiment à sonder les esprits aux vastes envolées et font surgir des hypothèses imprévues, qui doivent arrêter un instant les Savants, parce qu'elles sont des jalons pour la marche en avant des Idées générales et constituent des repères pour les études sur l'Evolution de la Civilisation. — En voici une dernière preuve.

II. Géologie. — Avant de tirer des faits précédents des conclusions quelconques, il n'est peut-être pas sans intérêt de faire remarquer tout d'abord que la Vendée du *Paléolithique inférieur* (1) ne ressemblait en rien à la Vendée *actuelle*, pas plus qu'à la Vendée *Néolithique*, et même du *Paléolithique supérieur* !

1° Littoral maritime. — Nous avons jadis développé ces idées et il est inutile d'y revenir, la principale différence portant surtout sur la situation du *Littoral atlantique* d'une part, et, d'autre part, sur le régime des *Cours d'eau*. Toutefois, dernièrement, des travaux importants ont été publiés sur la formation des terrains quaternaires ; et nous sommes, par suite, obligé de revenir sur cette question, en insistant en particulier sur les mémoires de MM. Rutot, Alfred Guy, et Négris, tout récents.

Paléolithique Inférieur. — D'après M. Guy (2), en effet, à l'époque *chelléenne*, pour le 50° parallèle, c'est-à-dire le Sud de la France, le niveau de la mer se trouvait à la cote 85 m. du niveau actuel. Cela veut dire que le *Rivage Chelléen* de la Vendée correspondait alors aux *fonds sous-marins*, ayant environ 80 m. : ce qui nous transporte très notablement au large de Rochebonne et de l'Ile d'Yeu [voir les Cartes du Ministère de la Marine (*Fig.* 25)], et cadre très bien avec ce que nous avons écrit autrefois.

(1) M. de Lapparent lui-même (*Traité de Géol.*, 1885, in-8°, t. II, p. 1325) a écrit : « A l'époque Pliocène, la mer recouvrait presque toute la Vendée » !

(2) Alfred Guy. — *Essai sur la Genèse des Terrains Quaternaires.* — Paris, 1912, in-8°, Challamel, 73 p. [Voir p. 61].

Tout l'espace de terrain, compris de cet ancien rivage au littoral actuel, constituait l'ancienne région de la Vendée maritime [Dépôts des terrains *secondaires* : Crétacé et Jurassique ; et *Tertiaires*].

C'était une vaste *plaine calcaire*, étendue jusqu'au large des Banches-Vertes ; et c'était celle qui était à ce moment, évidemment, la partie la plus habitée (1) de la Vendée, vu son climat et sa végétation à substratum calcaire.

Rien d'étonnant, dès lors, à ce que le *Chelléen* et l'*Acheuléen* soient assez rares dans le reste du pays, c'est-à-dire dans la *Vendée centrale* actuelle, jadis surélevée de près de 100 mètres, et plus fréquents au voisinage du littoral actuel, en des points correspondants surtout à d'anciennes berges de cours d'eau importants.

2° RÉGIME DES EAUX. — Si l'on jette un coup d'œil sur la Carte de la Vendée ci-incluse (*Fig.* 25), où j'ai indiqué la situation précise des points de trouvailles pour le PALÉOLITHIQUE *inférieur*, on constate de suite que les gisements sont, en somme, presque limités à la *partie Sud du Département*, et, pour parler plus exactement, à la RIVE NORD DU GRAND FLEUVE, qui correspondait jadis au *Pertuis breton* et à la *Sèvre-Niortaise*, avant l'isolement de l'Ile de Ré et la formation du *Marais poitevin*, qui ne date guère que du *Paléolithique supérieur* ou du *Néolithique*. C'est à peine, en effet, si l'on connaît, en outre, quelques découvertes faites dans le bassin d'un affluent de la Loire, la *Sèvre-Nantaise* [qui n'est guère *vendéen* d'ailleurs].

Cela tient-il seulement à ce qu'il y a eu moins de *Collectionneurs*, jusqu'à ces derniers temps, dans la Vendée du Nord que dans celle du Sud ! Je ne le crois pas. Mais, cependant, il serait tout à fait prématuré d'être affirmatif en un sens quelconque; et je n'insiste pas.

A. SÈVRE-NIORTAISE. — En attendant, constatons que les trouvailles sont surtout localisées, comme *Chelléen* et *Acheuléen*, sur la rive de la Sèvre-Niortaise et de ses anciens affluents, qui est *Vendéenne* (nous n'avons, bien entendu, à nous préoccuper ici que de celle-là), et, en particulier, près des sources de son affluent, *La Vendée*, et le long de la rivière l'*Autise*.

Mais on trouve l'*Acheuléen* presque jusqu'aux Sables-d'Olonne, c'est-à-dire le long du Pertuis breton.

Les Collections Bourasseau, Chartron et Rousseau ont une grande importance à ce point de vue.

Le Lay. — Il ne faut pas oublier, d'autre part, qu'au Paléoli-

(1) Nous avons la preuve qu'elle était habitée par la *Pièce acheuléenne du Puits d'Enfer*, trouvée ROULÉE par les flots, sur le Rivage atlantique même.

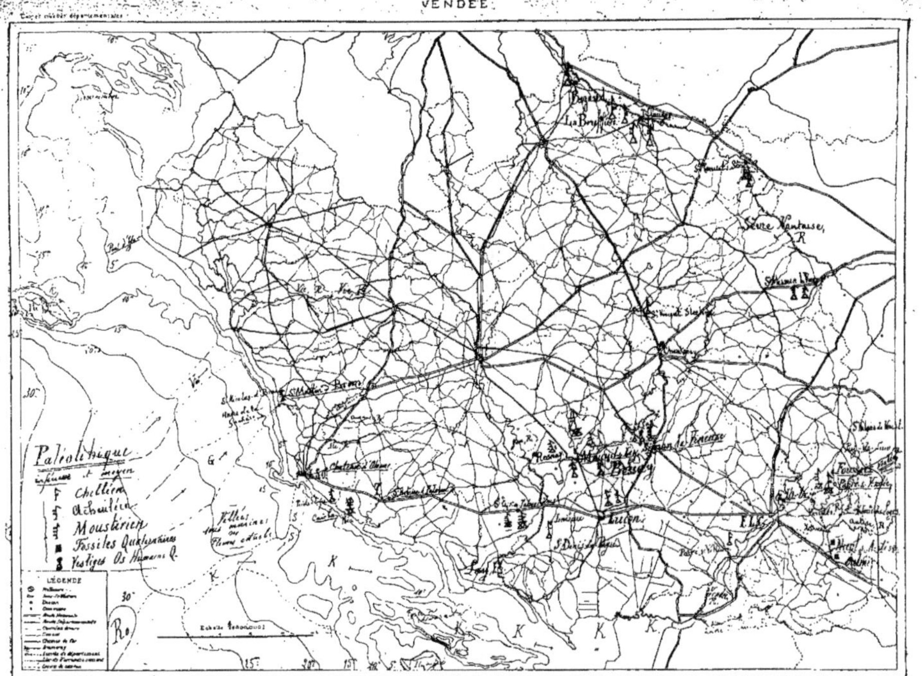

Fig. 25. — Carte du *Paléolithique inférienr*, Chelléen et Acheuléen, de la Vendée en 1912. — D'après la *Carte muette* de La Vendée [Edition Marcel Baudouin]. — *Echelle* : 1./1.000.000. — Les *Fonds sous-marins* de 0 à 30m sont indiqués par des courbes de niveau et les *Vallées sous-marines*, représentées en : V (*Vie*); G, *Rivières de la Gachère* ; K, *Kanentelos* [*Sèvre-Niortaise Lay*, etc.].

thique inférieur et moyen, le *Lay* n'était pas un fleuve isolé, mais simplement un *affluent* de la *Sèvre-Niortaise antique*, c'est-à-dire du *Kanentelos* romain, comme la *Vendée!* — C'est un fait qu'il ne faut jamais perdre de vue.

Jusqu'à présent, la grande vallée du Lay n'a pas fourni grand chose. Toutefois, il ne faut pas oublier la station *Chelléenne* de Saint-Vincent-Sterlange (B. Fillon), à laquelle il faut rattacher la trouvaille d'*Elephas meridionalis* de Chantonnay. Nous retrouvons le Chelléen à Mareuil-sur-le-Lay [Chartron] et à Saint-Denis-du-Payré (Lièvre) (?).

L'*Acheuléen* est ici bien représenté par la station de Mareuil-sur-le-Lay (F. Mandin), de Simon-la-Vineuse (Rousseau), et celle de de Saint-Cyr-en-Talmondais (B. Fillon) (1).

B. Sèvre Nantaise. — Il est certain que la vallée de la *Sèvre Nantaise* a été habitée à l'époque *Chelléenne*, puisqu'on a trouvé des pièces typiques, d'abord à *Saint-Laurent sur-Sèvre* [Charbonneau-Lassay), puis à *Tiffauges* (Mignen) et à *La Bruffière* (Rousseau); et enfin, très récemment, près La Pommeraye-sur-Sèvre (2).

Il est curieux de noter aussi la présence de l'*Acheuléen* dans cette vallée [*Tiffauges* : Amande; lame]. Il est vrai que cette époque est assez bien représentée en Vendée, en général.

Pour nous conformer à la division administrative actuelle, nous maintenons cette vallée dans la région vendéenne; mais, en réalité, elle appartient plutôt au département des Deux-Sèvres, c'est-à-dire à la vraie Gatine.

En somme, les trois principales stations *paléolithiques inférieures* de la Vendée sont en réalité :

1° L'origine de la *Sèvre-Nantaise*, c'est-à-dire la portion qui touche à la Vendée [de Saint-Laurent à Tiffauges] (3).

2° Les sources de la *Vendée*, une des origines de la *Sèvre-Niortaise* [Région de Payré-s.-V.].

3° Le *confluent du Lay et de la Smagne*, c'est-à-dire la région allant de Simon-la-Vineuse, par Mareuil-sur-le-Lay, à Saint-Cyr-

(1) Le *Moustérien* n'est connu, pour ce bassin, qu'à Saint-Cyr-en-Talmondais (B. Fillon), Simon-la-Vineuse et Bessay (Rousseau).

(2) En effet, en 1913, la collection de M. E. Bocquier (de Bressuire) vient de s'enrichir d'un *Coup-de-poing* Chelléen, de la Vallée de la Sèvre-Nantaise, trouvée près La Pommeraye-sur-Sèvre. Il est en silex jurassique noir, pèse 310 gr., et mesure $0^{m}110 \times 0^{m}074 \times 0^{m}04$. Il est typique. Nombreuses traces d'utilisation sur les bords. A noter deux *éclats* circulaires de chaque côté, semblant indiquer de fortes *percussions*.

(3) Les *Moustériens* paraissent aussi avoir fréquenté ces parages, puisqu'on a trouvé des pièces caractéristiques à Saint-Mesmin-le-Vieux (Station néolithique importante) et à Cugand.

en-Talmondais, et qui, jadis, se trouvait en somme à l'origine du fleuve actuel le Lay, alors simple affluent de la *Sèvre-Niortaise*, quand celle-ci [qui portait le nom de *Kanentelos* à l'époque romaine], allait se perdre dans l'Océan Atlantique, aux environs de Rochebonne, à plus de 100 kilomètres au large [d'après *la Vallée sous-marine* (*Fig.* 25 ; K) qu'indiquent bien les Cartes hydrographiques].

III. Conclusions. — Le point le plus intéressant à souligner ici est, à mon sens, le suivant. — Je viens de démontrer que la partie de la Vendée qui a été *habitée la première*, aux époques les plus lointaines que nous connaissions, est précisément celle qui, à toutes les Civilisations ultérieures (*Néolithique, Cuivre, Bronze* et *Fer*), a laissé sur le sol le plus de vestiges préhistoriques ; qui, au moyen âge, a été à la tête du Progrès ; et qui, à l'heure présente (1), est toujours la région *la plus avancée* au point de vue *politique, social, agricole* et *industriel*. Et cela me paraît très digne d'intérêt !

En tout cas, cette constatation est une preuve de plus en faveur de la Loi fameuse de la *Superposition des Civilisations* dans les mêmes endroits au sol favorable.

C'est donc bien la Terre qui *toujours* a commandé à l'Homme ; la Terre qui a fait l'Homme, et qui le fait même à l'heure présente ; la Terre, qui le fera toujours, même dans l'Avenir, où l'Homme, grâce à la Science, pourra s'affranchir au maximum des liens qui le rattachent au sol sur lequel il doit vivre...

Rien, au demeurant, n'est plus beau et rien n'est plus consolant, en somme, que d'arriver à des Conclusions d'une si haute portée philosophique, en opérant sur les pays les plus pauvres en *Restes Préhistoriques*, et en partant seulement des quelques misérables silex, sauvés de l'oubli éternel par d'avisés et méritants Collectionneurs, qui ne s'attendaient certes pas à tant d'honneur !

(1) Rôle joué par la région de Fontenay-le-Comte, etc.

II. — Moustérien.

I. — Introduction.

Cette seconde étude d'ensemble est destinée à l'exposé de la question du *Moustérien de Vendée*, à l'heure présente.

Elle a, en outre, pour but de dire qu'il ne faut plus tenir compte d'une de mes publications antérieures sur la trouvaille d'une Station de cette époque, correspondant au littoral de l'Océan (1). Je crois aujourd'hui que ce gisement, en réalité, n'existe pas et que les pièces indiquées alors ne sont que des débris de meules modernes, cassés, sur lesquelles j'insisterai, quand j'aborderai la question des *Tonnelles* de notre pays.

Peut-être aurait-il mieux valu grouper toutes ces études sur le Paléolithique de Vendée, et décrire ensemble tout le *Paléolithique inférieur et moyen*; mais je crois préférable de scinder toutes les descriptions, autant que possible. — Cela n'empêche pas qu'il y aura toujours un grand intérêt à rapprocher notre Moustérien le plus ancien de nos dernières formes de l'Acheuléen. Je suis donc obligé de renvoyer, sur ce point, le lecteur au chapitre que j'ai consacré ci-dessus au *Chelléen* et à l'*Acheuléen* de Vendée.

Historique. — En réalité l'Historique de la question se rédui à *deux* citations.

1° La première est fournie par G. et A. de Mortillet, qui ont écrit (2), tout d'abord, en tenant compte de données fournies par B. Fillon (3):

« La Vendée a aussi sa bonne part de Moustérien. La meilleure preuve, c'est que, là où il y a un chercheur sérieux, il a été beaucoup trouvé.

(1) Marcel Baudouin et G. Lacouloumère. — *Découverte d'une station de silex taillés de l'époque moustérienne au Moulin Cassé de Saint-Martin-de-Brem (V.)*. — *Revue du Bas-Poitou*, 1903. — Vannes, in-8°, 1903, 17 p., 2 fig. — *Bull. Soc. Préh. Franç.*, Paris, 1904, p. 203-204.

(2) G. et A. de Mortillet. — *Le Préhistorique*. Paris, 1885, in-8°; 2e édition [Voir p. 275]; 3e édition, 1900 [Voir p. 609].

(3) B. Fillon. — *Notice sur les points habités... de Saint-Cyr-en-Talmondais*. — Saint-Cyr, La Court, 1877, in-4° [Voir p. 9 et 39].

Ainsi B. Fillon, dans la seule commune de Saint-Cyr-en-Talmondais, a découvert des *pointes*, isolées, à *la Garne* de Saint-Cyr, une importante station chelléo-MOUSTÉRIENNE dans le *Parc de La Court*, et une station moustérienne pure au *Puits du Portail Rouge* ».

En réalité, comme nous le verrons, ces trouvailles ont peut-être été moins nombreuses qu'on le dit ici. — En tout cas, on ne sait plus ce que sont devenues ces pièces, sauf pour les quelques très rares échantillons que nous mentionnerons plus loin !

2° La seconde mention sur le Moustérien de Vendée est due au distingué géologue de Luçon, M. Chartron (1). — Voici le texte même d'une brève note qu'il a publiée à ce sujet.

« Au Nord et au Nord-ouest de cette [ville, Luçon], nous avons rencontré, toujours à la surface du sol, d'autres éclats en *silex cacholon*, avec retouches, mais de l'époque postérieure, c'est-à-dire du *Moustier*. Ce n'est que sur des points isolés et un à un qu'on les trouve. Nous n'avons jamais eu l'occasion de découvrir d'atelier de ce genre d'industrie.

« Benjamin Fillon, dont je me fais un plaisir de rappeler ici la mémoire, avait trouvé, à Saint-Cyr-en-Talmondais, de nombreuses *pointes* chelléennes et *moustériennes*.

« Dans une excursion que nous fîmes ensemble, je rencontrai, près de Saint-Cyr-en-Talmondais, dans un dépôt caillouteux, entièrement colorée par du manganèse, une belle *lame*, en grès du *Lias moyen*, de 0m30 de longueur, fortement patinée (2). Il est extraordinaire de voir un tel objet de nature de roche, qui se prête si difficilement aux grands éclats... »

Et c'est tout. — On le voit : c'est extrêmement peu !

TROUVAILLES ANCIENNES (*Stations*). — En réalité, jusqu'à présent, on n'a pas signalé de véritable STATION MOUSTÉRIENNE en Vendée.

Le seul gisement connu, un peu important, découvert à SAINT-CYR-EN-TALMONDAIS, au PUITS DU PORTAIL ROUGE, ne me paraît guère pouvoir mériter ce nom, malgré les affirmations ci-dessus; et, d'autre part, après vérification faite, je crois que la station, que j'ai jadis indiquée pour Saint-Martin-de-Brem, n'est pas digne non plus d'une telle dénomination.

(1) R. Père INGOLD. — *Luçon et Saint-Michel-en-l'Herm*. — Art. des *Pays. et Mon. du Poitou*; par J. Robuchon. — Paris, 1892, in-4°, tome XI, fasc. n° 1 [Voir p. 5 et 6].

(2) J'ai vu cette pièce dans la collection de M. Chartron. Elle ne paraît pas pouvoir être placée dans le Paléolithique *moyen*, ni même dans le *supérieur* [*Aurignacien*], vu ses dimensions. — Jusqu'à nouvel ordre, je la classe dans le NÉOLITHIQUE, et la compare aux grandes lames du Pressigny. — Peut-être est-elle *aurignacienne* toutefois, si l'Aurignacien a existé en Vendée ; mais il m'y est inconnu jusqu'à présent [Voir, plus loin, ce que je dis d'un *Nucleus*, douteux pour cette époque].

Bornons-nous donc à considérer les découvertes faites jusqu'ici comme des trouvailles de PIÈCES ISOLÉES, comme l'a bien remarqué M. Chartron, et à les étudier comme telles.

DÉCOUVERTES. — 1° *Saint-Cyr-en-Talmondais.* — Les premières trouvailles de *Moustérien* typique sont dues à Benjamin Fillon (1). Elles correspondent à *Saint-Cyr-en-Talmondais.*

A. *Lieux dits. a*) Au *Puits* du *Portail rouge*, en Saint-Cyr-en-Talmondais, les pièces ont été rencontrées dans le n° 797 de la section C, située dans le *Bourg* même.

b) D'autre part, on aurait trouvé des pièces isolées (des *pointes moustériennes*, en particulier) aux *Garnes*, dans les champs nos 550 à 578, section B.

B. *Restes.* — *a*) Deux *pointes* moustériennes, qui se trouvent actuellement dans la collection Chartron (Luçon, V.), qui proviennent sûrement de la collection B. Fillon, et qui sont absolument démonstratives et très belles, constituent les seules pièces que je connaisse de ces stations. Elles prouvent qu'il y a bien là, dans le bourg de Saint-Cyr-en-Talmondais, un *gisement moustérien de plateau,* à pièces éparpillées, absolument indiscutables (2).

b) Il y avait jadis, d'autre part, au Musée Mouillebert, à Fontenay-le-Comte, dans le bas d'une vitrine, un *Grattoir moustérien*, qui provient aussi certainement de la collection B. Fillon, puisqu'il était indiqué comme originaire de Saint-Cyr-en-Talmondais [Constatation personnelle].

Il ne reste donc en Vendée, à ma connaissance, que ces *trois* pièces des belles trouvailles de B. Fillon, à Saint-Cyr-en-Talmondais ! — J'ignore ce que sont devenues les autres ; et leur dispersion est profondément regrettable. Je décrirai plus loin ces silex, que j'ai vus de mes yeux.

2° *Mareuil-sur-le-Lay.* — En 1889, L. Brochet (3) a signalé une station moustérienne à l'*Ouche du Fort*, de Mareuil-sur-le-Lay. Sa description est telle qu'il faut la reproduire ici.

« L'époque moustérienne... est largement représentée sur le plateau de l'*Ouche du Fort.* Les couteaux, dits *pointes moustériennes* (?), dont plusieurs font partie de la collection Mandin, présentent en général un contour extérieur peu différent de celui de l'Amande de Chelles..... »

(1) *Loc. citato.*
(2) G. et A. DE MORTILLET. — *Loc. cit.*
(3) L. BROCHET. — *L'Archéologie préhistorique à Mareuil-sur-le-Lay* (V.). — *Revue du Bas Poitou*, 1889, II, 338-346 [Voir p. 341]. — Tiré à part, 1890, in-8°, [Voir p. 341].

En réalité, tous les silex taillés, que j'ai vus chez M. F. Mandin et qui provenaient de l'*Ouche du Fort*, m'ont paru être du pur *Néolithique*. — Je n'ai pas aperçu un seul *coup-de-poing*, une seule *pointe*, un seul *racloir moustériens*... Il doit y avoir eu là erreur de détermination.

3° *Bessay*. — Pourtant, à Bessay, bourg voisin, on a trouvé un *éclat*, moustérien ou acheuléen, et un beau *coup-de-poing*. Collection de Ph. Rousseau [Pièces inédites encore].

4° 5° *Luçon*. *Saint-Hilaire-des-Loges*. — La collection Chartron (Luçon) renferme une petite *pointe moustérienne*, trouvée dans la plaine de *Luçon*, INÉDITE et un *silex*, du type moustérien, trouvé en 1912 à *Saint-Hilaire-des-Loges*.

6° *Saint-Mesmin-le-Vieux*. — La collection du Dr Mignen (de Montaigu) contient, à ma connaissance, 4 pièces *inédites* :

N° 466. — *Pointe* [Cugand]. — N° 471. — *Pointe* [Saint-Mesmin-le-Vieux]. — N° 472. — *Pointe-racloir* [Saint-Mesmin-le-Vieux]. — N° 473. — *Racloir* [Saint-Nicolas-de-Brem].

7° *Région de Foussais*. — La collection du Dr Bourrasseau (de Foussais) comprend un certain nombre de pièces MOUSTÉRIENNES, *inédites*, que nous étudierons plus loin.

8° *Longèves*. — En janvier 1913, la Collection Waitzen-Necker s'est enrichi d'une *pointe moustérienne*.

9° *Pays de Brem*. — Enfin, dans la collection Crochet (de Saint-Gilles-sur-Vie), il y a un magnifique *Coup-de-poing*, du début du *Moustérien*, absolument typique, originaire de *Saint-Martin-de-Brem*, non encore décrit, mais déjà cité par moi (1).

Résumé. — Il résulte de là que, jusqu'à présent, on n'a guère trouvé de Moustérien, en Vendée, qu'à :

1° *Saint-Cyr-en-Talmondais* [Coll. Chartron].

2° *Région de Bessay* et *Luçon* [Coll. Rousseau].

3° *Saint-Mesmin-le-Vieux* [Coll. Mignen].

4° *Région de Foussais*, *Saint-Hilaire-des-Loges* et *Longèves* [Coll. Bourasseau, Chartron et Waitzen-Necker].

5° *Le Pays de Brem* [Coll. Mignen et Crochet] (2).

C'est évidemment, très peu ; mais les pièces sur lesquelles j'appuie cette affirmation sont magnifiques et indiscutables.

(1) Marcel BAUDOUIN. — [*Les Paléolithes de Vendée*]. — *Bull. Soc. Préh. Franç.*, Paris, 1909, VI, n° 7, p. 339.

(2) Au Musée Mouillebert, de Fontenay-le-Comte, existe aussi un *Grattoir*, provenant de Nalliers, du poids de 8 gr., en silex gris cendré, dont la base est cacholonnée. Une face est plane, avec bulbe de percussion. Mais il est impossible de *dater*, de façon scientifique, cette pièce, qui peut être de toutes les époques, voire même Néolithique. — Nous n'en tiendrons donc pas compte.

Il me reste à décrire celles que j'ai vues.

Etude des Pièces connues.— Pour cette époque, j'ai pu étudier : a) *Collection Chartron* : 2 *pointes* de la collection B. Fillon; 1 seule des *pièces* de la collection Chartron (Luçon). — b) *Collection Rousseau* : 1 *coup-de-poing* et 1 *éclat*. — c) *Collection Bourasseau* : plusieurs pièces. — d) *Collection Mignen* : 1 *racloir*; 3 *pointes* moustériennes. — e) *Collection Waitzen-Necker* : 1 *pointe*. — f) *Collection Crochet* : 1 *coup-de-poing*.

Je vais examiner successivement ces objets.

II. — Etude des Pièces.

I. — Station de Saint-Cyr-en-Talmondais.

1° Pointes Moustériennes. — La collection de C. Chartron a conservé *deux* pièces typiques de la collection B. Fillon, originaires de Saint-Cyr-en-Talmondais; mais on ignore complètement

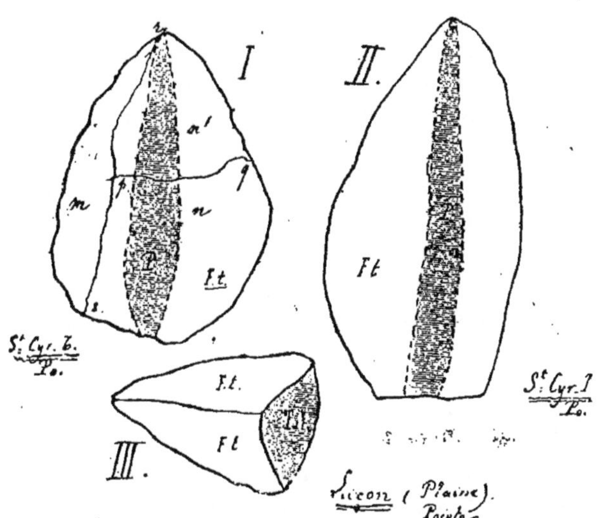

Fig. 1. — Pointes Moustériennes [Coll. Chartron]. — *Echelle* : 1/2 Grandeur. — *Légende* : I, II, Pointes moustériennes, provenant de la *Collection B. Fillon* [Saint-Cyr-en-Talmondais]. — III, Pointe moustérienne [Luçon]. — P, Profil ; — T, Talon ; — Ft, face *retouchée*; — *r, s*, ligne de faîte (arête) ; — m, flanc très incliné ; — p, q, ligne de faîte transversale (arête) du plan peu incliné, divisé en deux parties, *n* et *n*¹).

leur provenance exacte et le lieu dit de cette commune qui les a fournies. — Ces deux pointes sont en silex blanchâtre, patiné, tout à fait comparable à certaines pièces de la Charente et en particulier de La Quina.

1° *Pointe n°* I. — Cette pointe, de forme presque ovalaire, est un peu épaisse et se rapproche un peu du coup de poing (*Fig.* 1 ; I).

Ses dimensions sont les suivantes : Longueur, 0m085 ; largeur, 0m055 ; épaisseur, 0m014. La face taillée présente deux versants (*m* et *n*, *n'*), si l'on peut ainsi parler, séparés par une crête, en ligne droite, correspondant au maximum d'épaisseur (*r*, *s*), qui n'est pas médiane, mais rejetée latéralement, comme cela s'observe sur les coups-de-poing typiques (*Fig.* 1 ; I). Le plan incliné, le plus large, est d'ailleurs divisé lui-même en deux (*n*, *n*1), par une arête transversale (*p*, *q*).

Le silex est *cacholonné*; mais il semble originaire des bancs calcaires du *Bathonien* de la région.

2° *Pointe n°* II. — La seconde *pointe* est plus typique comme « pointe » ; elle est allongée et aplatie, fort peu épaisse. Ses dimensions sont les suivantes : Longueur, 0m095 ; largeur, 0m050 ; épaisseur, 0m010.

C'est une des plus belles pointes moustériennes que j'ai vues ; mais elle doit être de l'époque de La Quina, c'est-à-dire au moins du *Moustérien supérieur* (*Fig.* 1 ; II). — La roche est ici un silex bleuté, à *zones* marquées.

2° ECLAT LEVALLOIS. — La même collection renferme, en outre, un gros *éclat moustérien*, type Levallois, qui provient aussi de B. Fillon et de Saint-Cyr-en-Talmondais. — Il n'y a pas lieu d'insister sur cette pièce, qui n'a aucun intérêt scientifique.

3° GRATTOIR. — Au Musée Mouillebert, à Fontenay-le-Comte, se trouvait jadis un GRATTOIR, vu par moi, et provenant de Saint-Cyr-en-Talmondais également et de la collection B. Fillon.

II. — STATION DE SIMON-LA-VINEUSE ET BESSAY.
[*Bords de La Smagne*].

La collection de M. Ph. Rousseau, instituteur, à Simon-la-Vineuse, renferme deux pièces, trouvées sur la rive Nord de la Smagne, entre les bourgs de Simon-la-Vineuse et Bessay, qui paraissent prouver qu'il y a eu là, jadis, au voisinage de la Station acheuléenne bien connue de Mareuil, au confluent de la Smagne et du Lay, une Station moustérienne.

Ces pièces sont : 1° Un très beau *coup-de-poing*, recueilli à Simon-la-Vineuse ; 2° Un *éclat*, *moustérien* probablement.

Classification. — La facture de ce beau, mais petit coup-de-poing, est tout à fait celle de l'époque du *Moustier*. Et, s'il n'était taillé sur ses deux faces, de façon indiscutable, personne n'hésiterait à le placer dans le *Moustérien*.

Pour mon compte, à l'exemple de M. Commont, je pense qu'il faut le classer dans le Moustérien I, tel que l'entend le savant géologue du Nord de la France, c'est-à-dire dans le *Moustérien ancien* ou *primitif*, type de la période; *d'autant plus* que, dans le voisinage (Bessay), on a trouvé un éclat Levallois, qui a la patine des pièces *moustériennes* en silex de Vendée.

En tout cas, cette pièce, si spéciale, est tout à fait intéressante pour les Préhistoriens.

1° Coup-de-poing des bords de la Smagne. — Cette pièce, dont nous ne connaissons pas d'analogue pour le Moustérien inférieur de la Vendée, quoique comparable à celle de Saint-Martin-de-Brem [voir *Fig.* 5] ne peut être classé aujourd'hui que dans le Moustérien ancien [Commont], quoiqu'elle soit très manifestement *taillée sur les deux faces*; et ses faibles dimensions la rapproche, d'ailleurs, des petits coups-de-poing de La Micoque (Dordogne), qu'on regarde aujourd'hui comme une forme de transition de l'Acheuléen supérieur au Moustérien (*Fig.* 2) (1).

a) *Localité.* — L'outil a été trouvé sur les bords de La Smagne, au sud de la commune de Simon-la-Vineuse, dans le champ de la *Gravelle* (2), près de la rivière. En ce point, nous sommes dans une autre *vallée* que celle du Lay et l'altitude n'est que de 25-30 mètres environ.

b) *Roche.* — D'ailleurs, la *roche* est toute différente et la pièce d'une taille particulière. Il ne s'agit même pas de pétrosilex, mais bien plutôt d'une sorte de *quartzite* (3), grisâtre, à patine lisse et comme *sériciteuse*, tout à fait différent du silex type des pièces précédentes; mais, ici, la patine est la même des deux côtés de la pièce. On voit quelques taches de *rouille* sur les deux faces (f', f', f"): ce qui indique que l'objet a éte frappé plusieurs fois par la *charrue*.

c) *Description.* — La forme est celle du coup de poing triangulaire, à base droite et épaisse, du Moustier (Moustérien ancien).

1°) *Dimensions.* — Le *poids* est faible et ne dépasse pas 113 gr. Les dimensions sont les suivantes: *Longueur* maximum, $0^{m}080$; *largeur* maximum (base), $0^{m}063$; *épaisseur* maximum, $0^{m}023$. — *Indice de Largeur*: 80.»

2° *Faces.* — a) La *face bombée* atteint $0^{m}015$; elle est donc fort

(1) Doit-elle être placée à la fin de l'*Acheuléen*, à cause de ses relations de forme avec le Moustérien, comme on pourrait être tenté de le faire? — Nous ne le pensons pas, vu la finesse des *retouches* des bords, superposées aux grands éclats de taille. — Mais on ne peut songer à placer ces pièces à la *fin du Chelléen*, malgré la taille sur les deux faces et l'épaisseur du talon.

(2) Le nom même indique l'existence dans ce champ d'une couche de gravier et de cailloux. Le terrain de la trouvaille est donc à *explorer avec soin*! On est sur le *Lias* (l^3).

(3) Cette roche ne m'est pas connue dans les environs immédiats; peut-être vient-elle du Nord (Puy-Maufrais; Bournezeau) où se trouvent des *schistes* primitifs.

saillante. Elle est taillée à grands éclats dans différents sens ; mais elle présente de très belles retouches, assez petites (d'aspect nettement moustérien), sur ses deux bords (*Fig.* 2 ; I).

Elle est divisée en deux par une ligne de faite ; et c'est la partie gauche (N), qui est la moins large ; l'autre (M) s'étale régulièrement, en pente douce, vers la droite. Le point le plus épais (R) est à 0ᵐ025 du talon.

b) La *face aplatie* est très nettement *taillée à grands éclats*, et ne présente que très peu de petites retouches sur ses bords. On y voit, à la base, un *bulbe de percussion*, irrégulier et mal venu, et non intact, comme dans les silex moustériens. Ce bulbe a été manifestement travaillé. La ligne de faîte de cette face, à peine marquée (elle n'a que 0ᵐ002 de saillie pour une face épaisse de 0ᵐ008), est presque médiane.

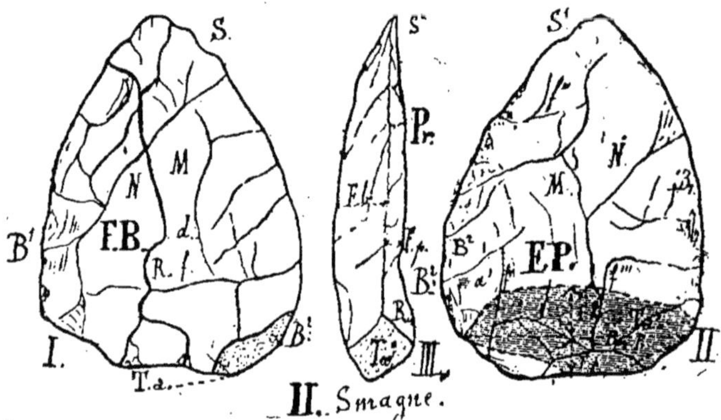

Fig. 2. — Pièce Moustérienne de la Collection Rousseau : Coup-de-poing ovalaire de Simon-la-Vineuse (V.). — Bord de la *Smagne*, riv. — *Echelle* : 1/2 Grandeur.
Légende : I. Face *bombée*. — II, Face *aplatie*. — III, *Profil*. — Ta, Ta², talon ; — F. p., épaisseur de la face aplatie (F.P.) sur le profil (Pr) et la coupe (Ta') ; — Fbb., épaisseur de la face bombée (F. B.) ; — S, S', Pointe ; — f, f', f'', f''', parties de l'outil, présentant des taches de rouille ; — B¹, bord correspond à la partie N, la moins large, de la face bombée ; — B², autre bord correspondant à la partie la plus large, M ; — R, point où le *bombement* est le plus marqué — d, point où la pente commence ; — Bu P., *Bulbe de percussion*, à convexité peu marquée.

c) Le *talon* est abattu, le noyau rocheux d'origine ayant été préparé à la base comme les outils du Moustier (ablation de la *calotte* du rognon, suivant un grand cercle parallèle, et division ultérieure, suivant un méridien) ; mais il reste cependant près d'un bord (B²) un peu d'écorce.

Remarques. — Je n'aurais peut-être pas osé classer dans le Moustérien la pièce *taillée sur les deux faces* de Simon-la-Vineuse, si je n'avais connu un coup-de poing tout à fait identique de la collection de M. A. Commont (d'Amiens), qu'il déclare avoir trouvé sur de la *craie* ravinée à l'Epoque Moustérienne d'une part, et, d'autre part, si la facture de cette pièce ne s'éloignait pas tant des

Amandes que mon ami, M. le Dr Baudon, place à la fin de l'*Acheuléen*. Cela, malgré l'analogie évidente (même roche : *quartzite*; même forme, sauf la taille de la face plate) avec le coup de poing de Saint-Martin-de-Brem. Mais, aujourd'hui, je n'hésite plus, car il est évident qu'il devait y avoir une *transition* (et nous la trouvons ici) entre le gros coup de poing moustérien, type taillé sur une seule face, et les fins et magnifiques coups de poing des dernières périodes de l'Acheuléen.

2° ECLAT LEVALLOIS [*Lame*]. — La Collection Ph. Rousseau (de Simon-la-Vineuse) renferme aussi un éclat Levallois trouvé à Bessay, que je classe dans le *Moustérien*, en raison de sa forme et de sa patine. Mais il est évident qu'il pourrait être aussi bien *Acheuléen*, étant donné surtout le voisinage des stations acheuléennes de Mareuil-sur-le-Lay et de Simon-la-Vineuse.

a) *Localité*. — Il a été trouvé à Bessay, c'est-à-dire sur le haut plateau, côté sud, qui correspond au confluent du Lay et de la Smagne, entre deux stations acheuléennes, situées à l'Ouest et à l'Est. — Le sous-sol est du Lias (I^3 ou I^4).

L'altitude de Bessay est d'environ 40 mètres.

b) *Roche*. — Il s'agit d'un éclat de *silex, cacholonné* sur les deux faces, et très bien patiné. Ce silex ressemble à toutes les pièces de la même époque.

c) *Description*. — Cet éclat est une *lame utilisée*, qui mesure 0m085 de long et 0m080 de large. Il est épais, au maximum, de 0m015. Son poids est de 85 grammes. Il est cassé au niveau de sa pointe et cette cassure est patinée.

La face aplatie ou d'éclatement, qui ne présente aucune retouche, a un *bulbe de percussion* typique. La face opposée est divisée en deux parties par une arête, presque médiane.

Nature. — La pièce a été surement *utilisée* comme *Couteau*, car elle présente sur ses bords une série de petits éclatements, d'utilisation.

III. — STATION DE LUÇON.

1° POINTE n° I. — La collection de M. Chartron renferme, en outre, une petite *pointe moustérienne*, qui est moins belle que les pointes de Saint-Cyr-en-Talmondais, et qui a été récoltée dans la plaine de *Luçon* (*Fig.* 1; n° III). Elle mesure : Longueur, 0m050; largeur, 0m035. Le talon est peu marqué; mais il existe bien, comme dans les petits coups-de-poing (*Fig.* 1; n° III). La roche

(1) Elle ressemble beaucoup à la *Lame utilisée* de Bessay [*Couteau*], que j'ai décrite à l'*Acheuleen*.

est un *calcaire siliceux local* plutôt qu'un vieux silex; mais, cependant, il faut y voir du silex.

Toutes ces pièces de Saint-Cyr et Luçon sont légères; elles pèsent de 10 à 23 gr., en passant par 11 et 15 gr.

Je rappelle que M. Chartron a écrit, en 1892, à propos des trouvailles moustériennes de la région de Luçon :

« Au Nord et au Nord-ouest [de cette ville], nous avons rencontré, toujours à la surface du sol, d'autres éclats, en *silex cacholon*, avec retouches, mais de l'époque du Moustier. Ce n'est que sur des points isolés, et un à un, qu'on les trouve. Nous n'avons jamais eu l'occasion de découvrir d'*atelier* de ce genre d'industrie ».

Il n'y a donc pas de véritable Station moustérienne à Luçon, à l'encontre de ce qui semble avoir été observé au *Puits du Portail rouge*, à Saint-Cyr-en-Talmondais.

IV. — Station de Foussais et environs.

La collection du Dr Bourrasseau (de Foussais) renferme un certain nombre de pièces, que je n'ai pas eu encore l'occasion de voir et qu'il classe dans le *Moustérien*. Il s'agit de silex qui ne seraient taillés que sur une *seule face*, l'autre résultant d'un éclat unique de la roche d'origine. — D'après les croquis que M. Bourrasseau m'a adressés, je pense que quelques-unes de ces pièces pourraient être *néolithiques* (1); aussi je n'insisterai pas ici sur elles, quitte à y revenir ultérieurement, quand je les aurai vues (2) de mes yeux.

1° *Moustérien de la région de Foussais et Payré.* — Mais voici, en attendant, la liste des silex taillés de la collection de M. Bourrasseau que ce collectionneur range dans le *Moustérien*.

1° Silex bleuâtre, trouvé *sur le sable de la voie du chemin de fer de Niort à Bressuire*, au lieu dit *Le Plessis*, commune de *Saint-Hilaire-de-Voust*, entre Puy-de-Serre et le Breuil-Barret.

2° Roche couleur de cire jaune foncé : *La Socelière* (Payré-sur-Vendée).

3° Silex rougeâtre. Ténement de *Champfort* à Foussais.

(1) Il est possible que, dans ces silex, il y en ait qui ressortissent aussi à l'*Acheuléen*. — Cependant leurs dimensions plaident bien plus en faveur du *Néolithique*.

(2) Je ne reviens pas sur le *Nucléus*, en silex *pyromaque*, de cette collection, que j'ai déjà signalé [Marcel Baudouin. *Les Silex taillés du Grand-Pressigny en Vendée*. Paris, 1911, in-8°; voir p. 22, note 1]. — Il n'est sûrement pas *Moustérien*. — Il est probablement Néolithique, car le *Paléolithique supérieur* est presque inconnue encore dans la région. — Toutefois, il pourrait être, à la rigueur, Aurignacien, car on en a cité de presque semblables pour cette époque. [M. Exsteens. *La Préhistoire*, 1913. Voir pl. X, n° 1].

4° Silex jaune foncé : *Le Pont Pochet*, à 2 kilomètres de Foussais, sur la route de Foussais à Vouvant.

5° Silex en roche de Trié, trouvé au village du *Breuil*, commune de Foussais.

6° Silex jaune foncé : *Les Tonnelles*, de Payré-sur-Vendée.

7° Silex en roche de La Gibaudière, trouvé à *La Gibaudière*.

8° Silex en roche de La Gibaudière, trouvé à *La Gibaudière*.

Quoiqu'il en soit de l'époque réelle de ces pièces, il résulte de leur trouvaille que la Station préhistorique de *Payré-Foussais*, ou des sources de la Vendée, est très riche et digne d'attention. — Il en sera sans doute bientôt ainsi presque partout, quand il y aura en Vendée des chercheurs aussi attentifs que M. le Dr Bourrasseau.

2° *Coup-de-poing* (*Saint-Hilaire-des-Loges*). — Je rattache à cette station des Sources de la Vendée une pièce de la Collection Chartron, acquise en 1912, provenant de *Saint-Hilaire-des-Loges* et trouvée sur le sol. Elle pèse 69 grammes. — Je ne l'ai pas vue encore.

V. — Station de Saint-Mesmin-le-vieux.

La collection du Dr Mignen (de Montaigu) renferme deux pointes moustériennes de *Saint-Mesmin-le-Vieux*, sur la rive gauche de la Sèvre-Nantaise.

Ces pièces sont cataloguées ainsi dans la belle collection de notre excellent confrère et ami.

Fig. 3. — Pointes moustériennes de la Collection Mignen (Montaigu). — *Echelle :* 1/2 Grandeur. — *Légende :* I et II, *Saint-Mesmin-le-Vieux* ; — F, Cugand.

N° 471. — *Pointe.* — Silex gris. Poids : 35 grammes. Dimensions : 0m084 × 0m045. Le faible poids et la longueur plaident bien en faveur d'un objet peu épais, c'est-à-dire d'une pointe typique (*Fig.* 3 ; I).

N° 472. — *Pointe-Racloir.* — Silex gris fauve. Poids : 60 grammes. Dimensions : 0m075 × 0m050. Le poids indique une instrument épais, qui a pu, en effet, n'être qu'un *racloir* (*Fig.* 3 ; II).

VI. — Station de Cugand.

La même collection renferme une autre pièce moustérienne, trouvée à Cugaud (canton de Montaigu), presque à la limite de la Loire-Inférieure, toujours sur la rive gauche de la Sèvre-Nantaise. Elle est ainsi cataloguée par le Dr Mignen.

N° 466. — *Pointe*. — Silex gris. — Poids : 50 grammes. Dimensions : 0m080 × 0m047. — Elle a beaucoup d'analogie, comme dimensions, avec la pièce ci-dessus; mais, vu son poids, elle doit être un peu plus épaisse et se rapproche plus du *Racloir* (*Fig.* 3 ; F).

VII. — Station du Pays de Brem.

Pour cette contrée, nous avons à décrire : 1° le *Coup-de-poing* de la Collection Crochet; 2° un *racloir* de la Collection du Dr Mignen, d'ailleurs discutable.

Fig. 4. — Situation des Trouvailles Moustériennes du Pays de Brem. — I. *Saint-Martin-de-Brem* : *Le Longeais*, à l'Est du Bourg, au voisinage de la *Cote* 32. — II, *Saint-Nicolas-de-Brem*. — [D'après la *Carte d'Etat-major* au 1/80.000].

1° Coup-de-poing de Saint-Martin-de-Brem. — Cette magnifique pièce, actuellement dans la Collection Crochet (de Saint-Gilles-sur-

Vic), a été *moulée* par moi jadis et photographiée sur ses deux faces (*Fig.* 5). Je donne aussi ci-dessous les schémas de ses faces et de ses bords, schémas qui me semblent précieux (*Fig.* 6).

a) *Localité.* — Elle a été ramassée près du bourg de Saint-Martin-de-Brem, à 800 mètres à l'Est, aux *Longeais*, sur le chemin de *La Corde*, à 400 mètres du Moulin Cassé (1), au moment du *labour* d'un champ. C'est dire qu'elle se trouvait à une certaine profondeur, presqu'à la *base de la terre végétale* (2), à environ

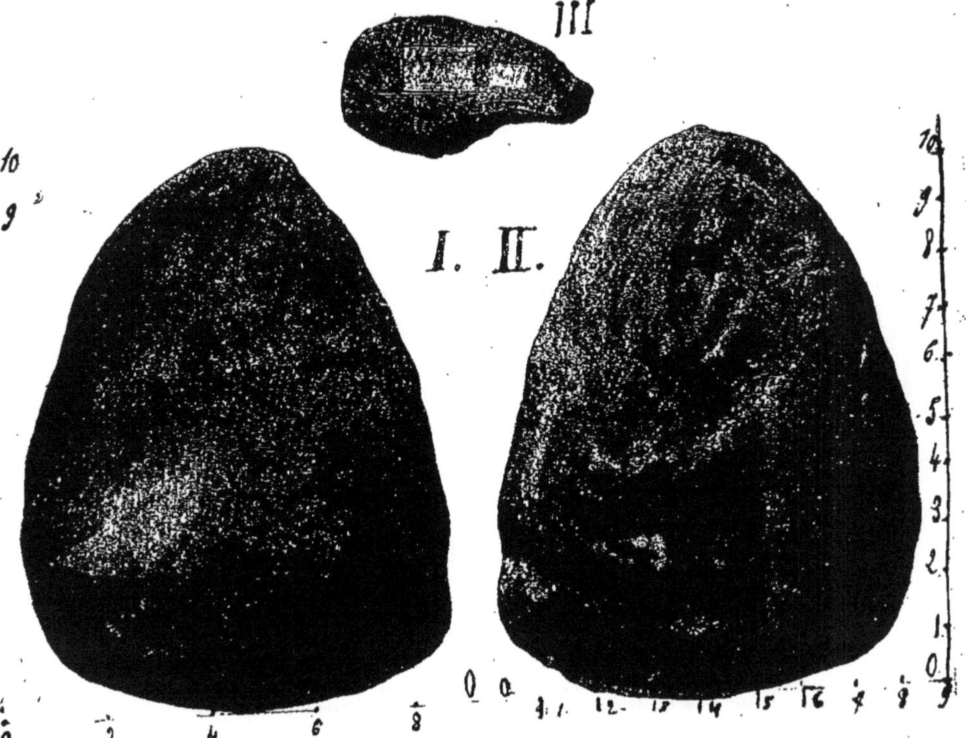

Fig. 5. — Coup-de-poing du MOUSTÉRIEN INFÉRIEUR, trouvé à *Saint-Martin-de-Brem* (*V.*). — Photographies du *Moulage* de la Pièce [Collection M. Baudouin]. — Vue des *deux faces*. — *Echelle* : 2/3 Grandeur. — *Légende* : I, Face *Plate*. — II, Face *Convexe*, taillée. — P, Traces de la Taille. — III, RACLOIR de Saint-Nicolas-de-Brem [Collection Dr Mignen].

0m25 à 0m30 au-dessous du sol actuel. — *Altitude* : 32 mètres environ; c'est la plus élevée de la contrée.

b) *Roche.* — Il s'agit d'une roche *brun-noirâtre*, mate, qui n'est sûrement pas locale, car on ne trouve pas, dans le pays, même sur le rivage atlantique, des galets capables de fournir une telle pièce. C'est une sorte de *Quartzite noir*.

(1) Jadis, au *Moulin Cassé*, nous avions cru avoir trouvé une Station *moustérienne*.... C'est inexact.

(2) Se rappeler que le sous-sol est de la *Microgranulite*.

Mais il faut se rappeler qu'au sud du Pays de Brem se trouvent les *Calcaires liasiques* de la Forêt d'Olonne, qui sont peut-être susceptibles de fournir des noyaux de cet aspect, car, à diverses reprises, on a trouvé quelques débris *néolithiques*, constitués par la même roche brun-noirâtre. Mais c'est, en somme, plutôt un *Quartzite*, à grains très fins et très denses, qu'un *vrai* silex (1).

c) *Description*. — La pièce n'est *taillée à éclats que d'un seul côté*; l'autre face a un *bulbe de percussion*.

1° Les *dimensions* sont les suivantes : longueur, $0^{m}095$; largeur, $0^{m}075$; épaisseur, $0^{m}023$.

2° *Poids* : 227 grammes.

3° *Aspect* — *a*) La *face taillée* à éclats (*Fig.* 6 ; I, *f. t.*) est divisée en *deux* parties. L'une est plus grande que l'autre ; et elles sont

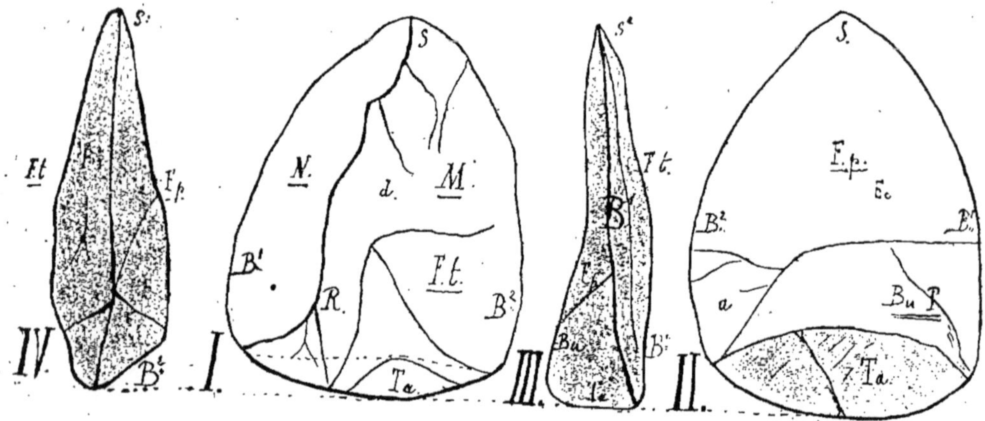

Fig. 6. — Schéma du COUP-DE-POING de *Saint-Martin-de-Brem*. — Echelle : 1/2 Grandeur. — I. Face *taillée* (F. *t.*) ou *bombée*. — II. Face plate (F. p.) ou éclatée. — III. Bord correspondant à la partie la plus petite de la face taillée (B¹). — IV. Bord opposé (B²). — Bu P., Bulbe de percussion ; — Ec, Grand éclat de percussion ; — M, partie la plus large de la face retaillée ; — N, autre partie de cette face ; — RS, *arête* longitudinale (ligne de faîte) ; — Ta, Talon ; — S, S¹, S², sommet ; — *d*, grand éclat de taille.

séparées par une crête, en forme *d'arête longitudinale*. La partie inclinée en pente douce et la plus large mesure $0^{m}050$; l'autre $0^{m}025$ seulement. La plus grande est subdivisée par des séries de cavités *d'éclats* assez grandes ; la plus petite est presque abrupte à talus très incliné. L'arête *n'a pas été abattue*.

b) La face plane non retaillée est une face d'éclatement, sans retouche. Elle est un peu *concave*, au lieu d'être *bombée* et convexe comme la précédente (*Fig* 6 ; II). A sa partie inférieure, se voit le

(1) M. E. Bocquier pense cependant qu'il s'agit d'un *Silex* jurassique, ressemblant à celui du *Bathonien*. — Or, il n'y a pas de Bathonien dans la région. On n'en retrouve que dans la Plaine du Sud du Département.

bulbe de percussion classique; puis, au-dessous, une partie du *talon*, très marqué. Elle est typique du *Moustérien*.

c) Les *bords* sont retaillés, à *petits éclats*, tous les deux *sur une seule face*. (*Fig* 6; III et IV; B[1] et B[2]). Les retouches sont *fines*. La taille des bords est si réussie qu'on la dirait *solutréenne*!

d) Le talon est *très épais* (0m023, pour un sommet effilé et pointu); il est plus épais que dans les coup-de-poings de *La Quina*.

e) La *coupe horizontale* de l'outil est nettement *triangulaire* : ce qui oblige à en faire une pièce *moustérienne* [à la coupe les *pièces acheuléennes* donnent, en effet, un *trapèze* ou à peu près]. La coupe verticale est aussi un triangle, mais très effilé au sommet (*Fig*. 6; III et IV).

d) *Nature*. — On ne peut vraiment voir là qu'un bel exemplaire de *Coup-de-poing* du *Moustérien inférieur*, malgré ses dimensions assez considérables; on n'en trouve plus de semblables dans le Moustérien *moyen* et *supérieur* (1).

II. Racloir [*Saint-Nicolas-de-Brem*]. — Cette pièce, n° 473, de la Collection Miguen, que nous ne connaissons guère que par sa

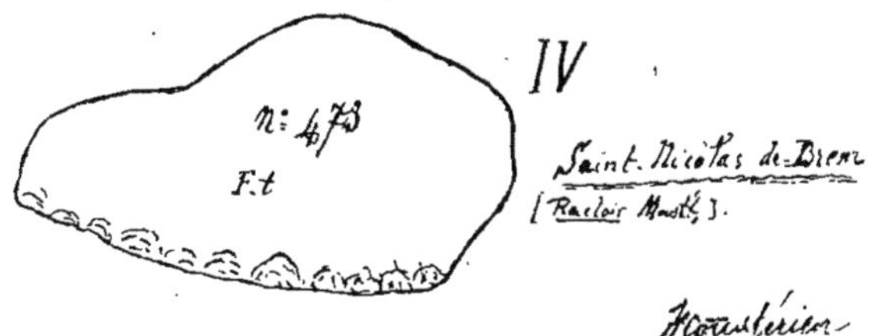

Fig. 7. — Racloir Moustérien [Collection Dr Mignen]. — *Echelle*: 1/2 Grandeur. — Saint-Nicolas-de-Brem.

photographie (*Fig*. 5), ne nous semble pas absolument sûre, au point de vue *paléolithique* (2); et nous ne l'aurions pas citée ici, sans la découverte précédente. Elle est en silex gris noir. Son poids est de 55 gr. Elle mesure: Longueur, 0m080; largeur, 0m045.

Les retouches sont *très-distinctes* sur un bord. Mais son origine est, d'autre part, peu précise aussi, scientifiquement parlant; son importance est par suite très restreinte. Il n'y a donc pas lieu d'y insister davantage.

III Résumé. — Cependant, il est fort probable qu'il y a eu un centre *paléolithique* et *moustérien* à Saint-Martin-de-Brem. En effet, cette contrée est si riche en pièces *néolithiques* et a été si

(1) La pièce de Simon-la-Vineuse rappelle singulièrement ce coup-de-poing; mais elle est taillée sur les deux faces.

(2) Elle pourrait très bien être Néolithique.

habitée à cette époque que tout porte à croire que les Hommes de la Pierre polie ne sont pas venus *de bien loin* pour peupler, pour la première fois, cette région, qui d'ailleurs, aux temps quaternaires, ne correspondait pas à l'embouchure d'un fleuve ne se jetant alors dans l'Océan qu'à plusieurs kilomètres au large, ainsi que le montre la constitution de la *Vallée sous-marine*, correspondant au Havre de La Gachère, c'est-à-dire au Pays de Brem (*Fig.* 9), d'après la *courbe des fonds sous-marins*, mais au confluent de tros rivières importantes formant le dit fleuve.

VIII. — STATION DE LONGÈVES.

En 1912-1913, la collection, si importante, de M. Waitzen-Necker (de Fontenay-le-Comte) s'est enrichie d'une *Pointe moustérienne*, récemment trouvée au *Moulin des Sables* (1), à Longèves,

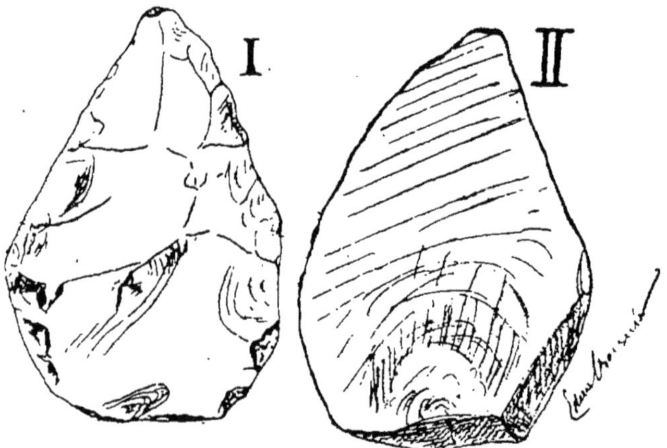

Fig. 8. — Schéma de la POINTE MOUSTÉRIENNE du *Moulin des Sables*, de *Longèves*. — Echelle : 3/4 Grandeur. — *Légende* : I, face *taillée*; — II, face *plane* ou d'*éclatement*.
La roche est un *Silex*, probablement du *Bajocien*, très cacholonné. — Poids : 55 gr. — Longueur : 0m063 ; largeur : 0m040.

bourg situé à l'O. de Fontenay. — Le *Moulin des Sables*, station NÉOLITHIQUE connue, a donc été habité dès le Paléolithique.

Je reproduis ici le dessin (*Fig.* 8) de cette pièce, que je n'ai pas vue encore et dont je dois la connaissance à mon excellent ami. E. Bocquier.

(1) Le Moulin des Sables est au sud de Longèves, à une *altitude* de 52m. C'est un point trigonométrique. Il est figuré sur la Carte de Cassini.

Le sol, indiqué sur la Carte géologique, est P^1, c'est-à-dire un *limon de plateaux*, comparable à celui de Beaulieu, à Mareuil, et classé comme *Pliocène*.

III. — Etude d'Ensemble.

I. Stations. — En somme, nous trouvons du Moustérien dans trois régions principales en Vendée (*Fig.* 9).

1° La Vallée de la Sèvre Niortaise et du Lay, ancien affluent de ce fleuve. 2° L'Embouchure du Havre de la Gachère. 3° La Vallée de la Sèvre-Nantaise.

1° Vallée de la Sèvre Niortaise. — Nous rattachons à la *rive Nord* de cette grande Vallée [*Kanentelos* des Romains], la seule qui appartienne à la Vendée, les gisements de *Saint-Hilaire-des-Loges* et de *Foussais* (75 mètres), de *Longèves* (52 mètres), de *Luçon* (25 mètres), de *Bessay* et *Simon-la-Vineuse* (40 mètres), de *Saint-Cyr-en-Talmondais* (36 mètres). — Les altitudes varient donc ici de 25 mètres à 75 mètres. — Les diverses pièces trouvées dans cette région ont un grand air de ressemblance et sont presque toutes des types classiques.

2° Sèvre Nantaise. — Les Moustériens ont fréquenté aussi les rives de la Sèvre-Nantaise, puisqu'on a trouvé des pointes à *Saint-Mesmin-le-Vieux* (175 mètres) et à *Cugand* (50 mètres), à des altitudes presque voisines de celles des trouvailles chelléennes et acheuléennes, atteignant près de 175 mètres. Mais je n'insiste pas, car l'étude de ces gisements doit se faire en même temps que ceux des Deux-Sèvres et de la Loire-Inférieure, c'est-à-dire de la rive Sud de la Loire, qui n'est guère Vendéenne en réalité.

3° Les Rivières de la Gachère. — A l'époque du *Paléolithique moyen*, les trois rivières, qui aboutissent actuellement au Havre de la Gachère, n'étaient que les affluents d'un fleuve, dont la *Vallée sous marine* est très bien indiquée sur les Cartes hydrographiques et qu'on peut appeler le « Fleuve antique de la Gachère » (*Fig.* 9). Sur sa rive *Nord*, au moins, a existé, jadis, une *Station moustérienne*, dont on connaît une pièce, un peu douteuse (Saint-Nicolas-de-Brem) (Dr Mignen) et un magnifique Coup-de-poing, indiscutable, de Saint-Martin-de-Brem. — Altitude : 32 mètres.

En raison de l'existence du *Cap de l'Aiguille* [Phare des Barges], dont on retrouve la trace par les fonds de 20 mètres, il n'est pas certain que ce fleuve était indépendant (1), à l'époque du Paléolithique moyen, du Kanentelos, dont la vallée sous-marine rejoint celles des Rivières de la Gachère, au niveau des fonds de 30 à 40 mètres.

(1) Sinon du fleuve *La Vie*.

D'après A. Guy (1), à l'époque *moustérienne*, le rivage atlantique correspondait aux fonds sous-marins actuels de 25 mètres. — Dans ces conditions, le littoral vendéen passait alors toujours un peu au large de l'Ile d'Yeu. Mais, alors, les *îlots* de *Rochebonne* et des *Banches vertes*, aujourd'hui entourés de fonds de 50 mètres, auraient été déjà constitués.... En fut-il bien ainsi, en réalité ? C'est, certes, possible ; mais cela n'est nullement prouvé, à mon sens, car des exceptions *locales* (comme le serait celle de *Rochebonne*) sont toujours possibles (2) !

Quoiqu'il en soit, cela ne suffit pas pour expliquer la rareté du Moustérien en Vendée centrale actuelle et sa présence sur le littoral même de nos jours et au niveau surtout des embouchures actuelles des fleuves (*Kanentelos ; Rivières de la Gachère ;* etc.).

Il faut chercher une autre cause !

II. Caractères des Outils. — 1° *Roche*. — Presque toutes les pièces moustériennes rencontrées dans les vallées de la Sèvre niortaise et de la Sèvre nantaise sont en silex, qui paraît être *liasique* ou *jurassique*, malgré la rareté de cette roche, en particulier sur les bords de la Sèvre nantaise. Le silex y est donc là sûrement importé, du Sud ou de l'Est. Mais on a trouvé une pièce en une sorte de Calcaire siliceux noir ou de Quartzite spécial, à Saint-Martin-de-Brem : fait qui ne présente rien d'étonnant, étant donné qu'on est sur un terrain *primitif* et sur le bord de la mer, l'Océan pouvant recouvrir des pointements rocheux de quartzite ou de calcaires siliceux noirs connus à l'époque moustérienne, mais invisibles aujourd'hui.

2° *Outils*. — Les coups-de-poing de Simon-la-Vineuse et de Saint-Martin-de-Brem tranchent seuls sur le reste de l'outillage, apparaissant comme homogène (*Pointes* et *lames* classiques, etc.).

3° *Epoques*. — Nous avons, en somme, en Vendée, des pièces typiques, des différents étages du Moustier.

1° Moustérien ancien (n° I) : Coup-de-poing de *Simon-la-Vineuse* (*Fig*. 2) [Station de *Simon-la-Vineuse-Bessay*].

2° Moustérien typique ou moyen (n° II) : *Coup-de-poing* de Saint-Martin-de-Brem (*Fig*. 5).

(1) A. Guy. — *Essai sur la Genèse des terrains quaternaires*. — Paris, in-8°, 1912, Challamel, 73 p. [Voir p. 61].

(2) Il semble, en effet, que *Rochebonne* ait pu être *encore presqu'île* au début du Néolithique, pour des raisons trop longues à développer ici [Voir mes Mémoires antérieurs sur les *Mégalithes submergés*, etc]. — Dans ces conditions, l'îlot de Rochebonne ne devait pas être formé au Moustérien ; et, par suite, le rivage moustérien correspondait, en réalité, à des fonds de plus de 45 mètres (et non de 25 mètres, comme le veut M. Guy).

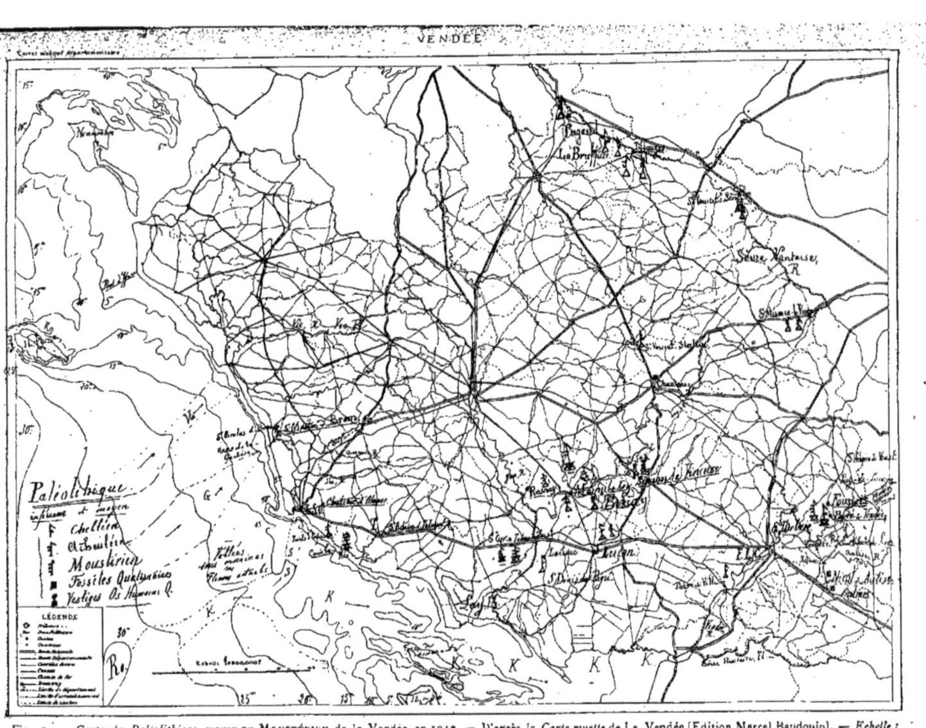

Fig. 9. — Carte du *Paléolithique moyen* ou MOUSTÉRIEN de la Vendée, en 1912. — D'après la *Carte muette* de La Vendée [Edition Marcel Baudouin]. — *Echelle :* 1/1.000.000. — Les *Fonds sous-marins* de 0 à 30ᵐ sont indiqués par des courbes de niveau et les *Vallées sous-marines* représentées : en Vi (*Vie*); G, *Rivières de la Gachère*; K, *Kanentelos* [*Sèvre-Niortaise* et *Lay*, etc.]. — Le gisement de *Longères* (1913) n'est pas indiqué.

3° Moustérien *supérieur* ou *évolué* (n° III) (*Type La Quina*) : Station de Saint-Cyr-en-Talmondais, Luçon, *Longèves*, etc. [Pointes moustériennes] (*Fig.* 1 et 8).

Conclusions. — En somme, le Moustérien, dans l'état actuel de nos connaissances, est très peu et très mal représenté en Vendée. Malgré les trouvailles anciennes de Benjamin Fillon et les rares découvertes modernes, fort intéressantes d'ailleurs, nous ne connaissons personnellement, comme M. C. Chartron, aucun *Atelier* de cette époque. On ne rencontre, ça-et-là, que des pièces *isolées*, à la surface du sol.

Puisque, dans ce pays, le Chelléen et l'Acheuléen paraissent un peu moins rares, il y a donc lieu de ne pas se décourager et de continuer les recherches.

Il est probable que, si l'on n'en récolte pas davantage dans les terrains en culture, c'est que la charrue ne peut pas atteindre les points où se trouvent les *dépôts* et les *objets*, car on les rencontre plutôt sur les *plateaux* qu'au bord même des rivières et sur les terrasses. Elle fait, certes, sortir, à chaque labour, des pièces *néolithiques* en grand nombre ; mais elle n'amène presque jamais au jour des silex *moustériens*, pas plus d'ailleurs que des outils du *Paléolithique supérieur*....

Ne désespérons pourtant pas ! Un jour viendra, peut-être, où, en particulier au confluent du Lay et de la Smagne, on pourra découvrir une station typique pour la Vendée : un véritable Atelier, qui, malgré les trouvailles de Saint-Cyr-en-Talmondais, manquait en 1892, ainsi que l'indiquait alors l'excellent géologue, C. Chartron, et nous fait toujours défaut aujourd'hui (1913) !

PRÉHISTOIRE DU HAVRE DE LA GACHÈRE.

Le Menhir de la Conche Verte dans les dunes de la Forêt d'Olonne (Vendée). — Broch., Paris, in-8°, 40 p. 1902, 8 fig. — Prix : 3 fr.

Les Mégalithes du Brandeau, à Bretignolles (Vendée). — La Roche-sur-Yon, S.E.V., 1907, in-8°, 24, p., 5 fig. — Prix : 1 fr. 50.

Les Mégalithes de Bretignolles [Dolmen de Pierre Soubise (fouilles); etc.]. — Paris, Schleicher frères, 1904, in-8°, 19 fig., et planches hors texte. — Prix : 5 fr.

Les Vestiges Mégalithiques de Saint-Martin-de-Brem (Vendée).— Paris, Soc. Préh. France, 1906, in-8°. — Prix : 2 fr.

Découverte d'un Mégalithe funéraire sous tumulus au Morgaillon, à Saint-Martin-de-Brem (Vendée). — Paris, Soc. Préh. France, 1905, in-8°, 20 p., 6 fig. — Prix : 3 fr.

Les Menhirs de Saint-Martin-de-Brem (Vendée). — Paris, Soc. préh. France, 1905, in-8°, 12 fig. — Prix : 2 fr.

PRÉHISTOIRE DU CENTRE AVRILLÉ-LE BERNARD.

L'Allée couverte de La Frébouchère, au Bernard (Vendée). — Paris, 1913, in-8°, 56 p., 15 fig. — Prix : 4 fr.

L'Allée couverte de la Pierre Folle du Plessis, au Bernard (Vendée).— Paris, Schleicher frères, 1904, in-8°, 44 p., 8 fig. — Prix : 3 fr.

Le Dolmen de l'Echaffaud du Plessis, au Bernard (Vendée) [Découverte, Description et Fouilles].—Paris, Société d'Anthropologie, 1906, in-8°, 16 p., 6 fig. — Prix : 2 fr.

Les Mégalithes de Savatole au Bernard (Vendée). — Paris, S.P.F., 1908, in-8°, 106 p., 27 fig., 5 planches hors texte. — Prix : 6 fr.

Les Menhirs du Plessis au Bernard (Vendée). — Paris, Schleicher frères, 1904, in-8°, 45 fig., 1 planche hors texte. — Prix : 2 fr.

Fouille et Restauration du Mégalithe du Grand-Bouillac, à Saint-Vincent-sur-Jard (Vendée). — Paris, Schleicher frères, 1907, in-8°, nomb. fig. — Prix : 4 fr.

Découverte d'un Polissoir à Saint-Vincent-sur-Jard (Vendée). — Paris, Schleicher frères, 1906, in-8°, 10 p., 3 fig. — Prix : 1 fr.

Découverte de deux Polissoirs en granulite à Avrillé (V.). — Paris, H. P., 1912, in-8°, 14 p., 2 fig. — Prix : 1 fr.

Le Cromlech de Beauchêne à Avrillé (V.). — Paris, C.P.F., 1912, in-8°, 40 p., 13 fig. — Prix : 4 fr.

Le Pas de la Vierge et les Cupules du Rocher de la Fontaine Saint-Gré, à Avrillé (Vendée). — Paris, 1912, S.P.F., in-8°, 20 p., 7 fig. — Prix : 2 fr.

PRÉHISTOIRE DE L'ILE D'YEU (V.).

Découverte et fouille d'un Kjœkkenmœdding néolithique aux Tabernaudes, à l'Ile d'Yeu (Vendée). — Paris, S.A.P., 1910, in-8°, 48 p., 19 fig., 2 pl. hors texte. — Prix : 4 fr.

Fouille et description du Menhir des Sauts : La Pierre du Tonnerre ou Pierre levée des Sauts à l'Ile d'Yeu (V.). — Extr. *H. P.*, 1910, VIII, n° 7 et 8. — Paris, 1910, in-8°, 21 p., 3 fig. — Prix : 2 fr.

Le Menhir et le Dolmen détruits de Pierre Levée du Centre, à l'Ile d'Yeu (V.) — Paris, S.P.F., 1910, in-8°, 12 p., 1 fig. — Prix : 1 fr.

Les Mégalithes de Gâtine, à l'Ile d'Yeu (Vendée). — Paris, 1912, S.A.P., in-8°, 24 p., 11 fig., 2 planches hors texte. — Prix : 3 fr.

Découverte, Fouille et Restauration d'une Allée mégalithique sépulcral, avec Cercles péritaphiques, aux Tabernaudes de l'Ile d'Yeu (V.). — Paris, S. A. P., 1910, in-8°, 28 p., 3 fig., 4 pl. hors texte. — Prix : 3 fr.

Découverte et Restauration d'une Ciste néolithique et de ses Cercles péritaphiques, aux Tabernaudes, à l'Ile d'Yeu (V.). — Paris, S. A. P., in-8°, 1911, 40 p., 16 fig. dont 3 pl. hors texte. — Prix : 3 fr.

Découverte et fouille de deux Mégalithes détruits aux Tabernaudes, à l'Ile d'Yeu (V.). — La Roche-sur-Yon, S.E.V., 1911, in-8°, 16 p., 6 fig., dont 1 pl. hors texte. — Prix : 1 fr.

Découverte, fouille et restauration d'un Mégalithe sous Tumulus à La Guette, à l'Ile d'Yeu (Vendée). — Paris, C.P.F., 1912, in-8°, 42 p., 13 fig. — Prix : 4 fr.

Découverte d'un petit Cromlech et d'une Station Néolithique à Barbe, à l'Ile d'Yeu (Vendée). **Découverte d'une Ciste Néolithique au Chiron Lazare, à l'Ile d'Yeu** (Vendée). — Paris, 1910, *A. F. A. S.*, in-8°, 15 p., 7 fig. — Prix : 1 fr.

Découverte de Rochers Gravés et de Pierres à Cupules à l'Ile d'Yeu (Vendée). — Paris, 1908, Schleicher, in-8°, 12 p. — Prix : 1 fr.

Découverte en 1909 de nouveaux Rochers à Gravures à l'Ile d'Yeu (Vendée). — Paris, Scheicher, 1910, in-8°, 10 p. — Prix : 1 fr.

Les Gravures sur Rochers du Grand Chiron des Chauvitelières à l'Ile d'Yeu (Vendée). — Paris, S. P. F., 1910, in-8°, 23 p., 10 fig., dont 1 pl. hors texte. — Prix : 2 fr.

Les Sculptures sur roches de la Table du Mégalithe de Gâtine à l'Ile d'Yeu (V.): Cupules et Cavités pédiformes. — Paris, *A. F. A. S.*, 1912, in-8°, 14 p., 3 fig. — Prix : 1 fr. 50.

Découverte d'une Gravure de Sabot de Cheval, de l'Époque néolithique, à l'Ile d'Yeu (Vendée). — Paris, S. *P. F.*, 1909, in-8°, 23 p., 6 fig. — Prix : 2 fr.

Découverte d'une seconde Gravure de Sabot de Cheval, complétant le centre cultuel du sud de l'Ile d'Yeu (Vendée). — Paris, S. P. F., 1912, in-8°, 12 p., 7 fig. — 1 fr. 50.

Découverte d'une Pierre à Bassins et à Rigoles : Les Amporelles, à l'Ile d'Yeu (Vendée).— Paris, C. P. F., 1911, in-8°, 38 p., 13 fig., dont 6 planches hors texte. — Prix : 5 fr.

Découverte des Substructions d'un Monument du Moyen-Age, aux Tabernaudes, à l'Ile d'Yeu (Vendée). — La Roche-sur-Yon, S.E.V., 1910, in-8°, 25 p., 6 fig., dont 3 pl. hors texte. — Prix : 2 fr.

AGE DES MÉTAUX [*Cuivre et Bronze*] EN VENDÉE.

Les Haches plates de Vendée. — Paris, 1912, S.P.F., in-8°, 127 p., 42 fig., 4 planches hors texte. — Prix : 6 fr.

L'époque du Bronze dans la Vendée maritime. Découverte de deux Cachettes à haches. — Paris, in-8°, 24 p., 15 fig., 1903. — Prix : 3 fr.

Les deux Tranchets triangulaires de Mareuil-sur-le-Lay (Vendée). — Paris, 1912, A.F.A.S., in-8°,. — Prix : 1 fr. 50.

LE GALLO-ROMAIN EN VENDÉE.

Découverte de Stations gallo-romaines au pourtour du Havre de la Gachère (Vendée). — La Roche-sur-Yon, Servant-Mahaud, 1906, in-8°, 42 p., 14 fig. — Prix : 2 fr. 50.

Découverte et fouille scientifique d'un Puits funéraire gallo-romain au Vieux Bram, à Bretignolles (V.). — Paris, 1912, C. P. F., in-8°, 83 p., 5 pl. hors texte, 36 fig. — Prix : 5 fr.

Découverte d'une Nécropole gallo-romaine à Puits funéraires à Apremont (Vendée). — La Roche-sur-Yon, S.E.V., 1907, in-8°, 54 p., 11 fig. — Prix : 3 fr.

La Nécropole Gallo-romaine à Puits funéraires de Troussepoil, au Bernard (Vendée). Etude topographique d'ensemble. — Paris, 1909, in-8°, 92 p., 38 fig., 6 pl. hors texte. — Prix : 5 fr.

Découverte et Fouille de huit nouvelles Fosses sépulcrales dans la Nécropole Gallo-Romaine de Troussepoil, au Bernard (Vendée). — Paris, in-8°, 1909, 96 p., 24 fig. — Prix : 4 fr.

Découverte et Fouille de quatre nouveaux Puits funéraires (n°s XXVIII, XXIX, XXX et XXXI) **à la Nécropole de Troussepoil, au Bernard** (Vendée). — Broch., Paris, in-8°, 3 pl. h. texte, 4 fig. — Prix : 4 fr.

Découverte et Fouille d'un nouveau Puits funéraire (n° XXXII) à la Nécropole gallo-romaine de Troussepoil, au Bernard (Vendée). — 1908, Paris, in-8°, 82 p., 3 pl. hors texte. 41 fig. — Prix : 5 fr.

Les Gravures sur Os de l'époque gallo-romaine à la Nécropole de Troussepoil au Bernard (Vendée). — Paris, Soc. d'Anthr., 1906, in-8°, fig. — Prix : 2 fr.

Une nouvelle seille de l'époque gallo-romaine. — Paris, S. P. F., 1907, in-8°, 11 p., 3 fig. — Prix : 1 fr.

Encore un mot sur le Portus Secor. —Vannes, 1901, in-8°, 11 p. — Prix : 1 fr.

PROTOHISTOIRE DE VENDÉE.

Découverte, Fouille et Etude du Souterrain-Refuge du Moulin Neuf, à la Roche-sur-Yon (Vendée). — Paris, *A. F. A. S.*, 1909, in-8°, 51 p., 15 fig. — Prix : 4 fr.

Découverte, fouille et description du Souterrain, aujourd'hui détruit, de La Minerie, à Girouard (Vendée). — Paris, 1910, *A. F. A. S.*, 24 p., 12 fig. — Prix : 2 fr.

La Grotte-Cachette ou Souterrain de La Brunetière, à la Roche-sur-Yon (Vendée). — Malines, C. A. B., 1911, in-8°, 61 p., 18 fig. — Prix : 4 fr.

La Grotte du Péage et les Grottes à Puits (Excavations protohistoriques) **d'Apremont** (Vendée). — Paris, 1904, in-8°, 17 fig. — Prix : 3 fr.

La Grotte du Coteau et les fortifications voisines en Givrand (V.). — Paris. *A. F. A. S.*, 1912, in-8°, 20 p. 11 fig., 1 pl. hors texte. — Prix : 2 fr.

Découverte et mise au jour du Château-fort de Saint-Nicolas-de-Brem (Vendée). — Broch., Paris, in-8°, fig., 1902.— Prix : 4 fr.

FOLKLORE DE VENDÉE.

La Fontaine thérapeutique d'Avrillé (Vendée). Origine traditionaliste. — Paris, 1912, in-8°, 35 p., 4 fig. — Prix : 2 fr.

Un Sanctuaire médical païen en Vendée : Le Bois sacré du Pas de Saint Roch à Menomblet (V.). — Paris, 1912, in-8°, 28 p., 2 fig. — Prix : 3 francs.

Le Cœur vendéen (Bijou populaire ancien). — Paris, 1903, I. B. S., in-16°, 2e édition, 31 fig. — Prix : 3 fr.

La Croix Blanche des Fermes du Bocage Vendéen. — Paris, S.A.P., in-8°, 1908, 36 p., 5 fig. — Prix : 3 fr.

Le Maraîchinage : Coutume du pays de Mont (Vendée). — Paris, 1906, A. Maloine (3e édition), 195 p., 15 fig. — Prix : 5 fr.

www.ingramcontent.com/pod-product-compliance
Ingram Content Group UK Ltd.
Pitfield, Milton Keynes, MK11 3LW, UK
UKHW021008200726
13857UKWH00004B/1335